Deutsche
Forschungsgemeinschaft

Entwicklung und Bewertung
von anwendungsorientierter
Grundlagenforschung
in der Psychologie

Rundgespräche und Kolloquien

Akademie Verlag

Deutsche
Forschungsgemeinschaft

Entwicklung und Bewertung von anwendungsorientierter Grundlagenforschung in der Psychologie

Rundgespräche und Kolloquien

Herausgegeben von
Anne Brüggemann und Rainer Bromme

Akademie Verlag

DFG

Deutsche Forschungsgemeinschaft
Geschäftsstelle: Kennedyallee 40, D-53175 Bonn
Postanschrift: D-53170 Bonn
Telefon: ++49/2 28/8 85-1
Telefax: ++49/2 28/8 85-27 77
E-Mail: postmaster@dfg.de
Internet: http://www.dfg.de

ISBN-10: 3-05-004231-1
ISBN-13: 978-3-05-004231-2

Umschlaggestaltung und Typographie: Dieter Hüsken
Datenkonvertierung/Satz: Werksatz Schmidt & Schulz GmbH, Gräfenhainichen
Druck und Bindung: Druckhaus „Thomas Müntzer", Bad Langensalza

Printed in the Federal Republic of Germany

Inhalt

Vorwort

Unser Verständnis von Innovationen und deren Entstehung hat sich in den vergangenen Dekaden grundlegend verändert. Heute wissen wir: Marktfähige Produkte und Dienstleistungen werden in einem Prozess generiert, der Grundlagenforschung, anwendungsorientierte Forschung und Entwicklung in komplexer Wechselwirkung integriert.

Die Deutsche Forschungsgemeinschaft (DFG) trägt diesem Verständnis in ihrem Förderhandeln Rechnung. Sie hat nicht nur spezifische Programme aufgelegt, die Partner aus Wissenschaft und Industrie oder klinischer Anwendung zusammenführen, sondern schon früh in einem Grundsatzbeschluss alle Förderinstrumente für den Erkenntnistransfer geöffnet.

Für die DFG-geförderte Forschung in der Psychologie liegt es besonders nahe, sich der Frage nach einer Anwendungsorientierung systematisch anzunehmen: In allen ihren Fächern – nicht nur in den anwendungsnäheren wie etwa der Pädagogischen Psychologie oder der Umweltpsychologie – wird das Spektrum von reiner Grundlagenforschung bis zur anwendungsorientierten Forschung abgebildet. Zudem ist die Ausgangslage für eine ertragreiche Diskussion günstig: Die psychologische Forschung in Deutschland kann auf international anerkannte universitäre und außeruniversitäre Standorte verweisen und verfügt fachübergreifend über einheitliche Standards und Methoden; sie gehört zu den antragsstarken Fächern in der DFG und ist dort in allen Förderverfahren erfolgreich.

Die in diesem Band versammelten Beiträge haben trotz unterschiedlicher Zugänge zur Thematik der Anwendungsorientierung im Kern ein gemeinsames Thema: die Wahrung von Qualitätsstandards im DFG-Begutachtungsprozess und damit die Sicherung von Wettbewerb und Erkenntnisfortschritt. Zugleich repräsentieren die Texte den Beginn eines Diskussionsprozesses, in dem die Psychologie auch wegen ihrer vielfältigen interdisziplinären Schnittstellen ein Schrittmacher für andere Wissenschaftsbereiche sein kann.

Bonn, im Januar 2006
Prof. Dr. Ernst-Ludwig Winnacker
Präsident der Deutschen Forschungsgemeinschaft

Einleitung[1]

Anne Brüggemann und Rainer Bromme

Im Zusammenhang mit der Qualitätssicherung wissenschaftlicher Forschung stellt sich häufig die Frage, was Grundlagenforschung und Anwendungsforschung unterscheidet und was sie gemeinsam haben und ob es neben den – überwiegend gemeinsamen – Kriterien zur Qualitätssicherung auch unterschiedliche Kriterien gibt, die für den Begutachtungsprozess bedeutsam sein können. Zur Diskussion dieser Frage hatte die DFG am 2. und 3. März 2004 Kollegen aus unterschiedlichen Teilbereichen der Psychologie in das Wissenschaftsforum Berlin eingeladen[2], die als Antragsteller wie auch als Gutachter von ihren Erfahrungen mit dieser Thematik berichten konnten. *Anlass* und zentrale Problemperspektive dieses Gesprächs war das auch in der DFG immer wieder diskutierte Verhältnis von ,reiner' Grundlagenforschung und Anwendungsforschung.

Dabei wurde deutlich, dass man mindestens auf zweierlei Weise über diese Thematik reflektieren kann. Die erste Sichtweise beschränkt sich auf die gegenseitige Vergewisserung über die grundlegenden Qualitätsstandards jeder empirisch orientierten Forschung in der Psychologie. Diese grundlegenden Standards sind eindeutig zu beschreiben und sie gelten für reine Grundlagenforschung und Anwendungsforschung gleichermaßen. So gesehen gibt es keine für die Qualitätssicherung relevanten Unterschiede zwischen Anwendungsforschung und Grundlagenforschung, sondern *nur* die Unterscheidung zwischen ,guter' und ,nicht-guter' Forschung, zwischen hoher und niedriger Qualität. Diese Sicht ist durchaus verbreitet, es wurde in dem Gespräch jedoch sehr schnell klar, dass sie zu vereinfachend ist. Sie nimmt die Herausforderungen einer Qualitätssicherung, die den spezifischen Bedingungen von Forschungskontexten gerecht werden muss, gar nicht zur Kenntnis.

Die zweite Sichtweise geht von der gleichen Prämisse aus wie die eben beschriebene Perspektive, nimmt diese aber als Ausgangspunkt, um die spezifischen

---

1 Dieser einleitende Beitrag erscheint in einer gekürzten Fassung ebenfalls in Heft 1/2006 der Psychologischen Rundschau unter dem Titel „Anwendungsorientierte Grundlagenforschung in der Psychologie: Sicherung von Qualität und Chancen in den Beurteilungs- und Entscheidungsprozessen der DFG".

2 Die Teilnehmer an diesem Gespräch waren: Rainer Bromme, Universität Münster, Joachim C. Brunstein, Universität Gießen, Anne Brüggemann, DFG Bonn, Franz Caspar, Universität Genf, Frank Fischer, IWM Tübingen, Norbert Groeben, Universität Köln, Kurt Hahlweg, Universität Braunschweig, Friedrich Hesse, IWM Tübingen, Reinhold Kliegl, Universität Potsdam, Peter Schmidt, Universität Gießen, Norbert Semmer, Universität Bern, Fritz Strack, Universität Würzburg, Dieter Zapf, Universität Frankfurt.

Bedingungen von wissenschaftlicher Arbeit in unterschiedlichen Kontexten zu reflektieren. Diese spezifischen Bedingungen müssen bedacht werden, um jeweils unterschiedlich ausgestaltete Forschung von hoher Qualität zu identifizieren und damit auch zu stimulieren. In dem Gespräch wurde deutlich, dass es in anderen Ländern – insbesondere in den USA – derzeit sehr interessante Diskussionen innerhalb der Psychologie und verwandter Bereiche (z. B. empirisch orientierter Erziehungsforschung) zum Verhältnis von Anwendungsforschung und ‚reiner' Grundlagenforschung gibt. Und es wurde deutlich, dass die Wissenschaftstheorie wichtige Beobachtungen zur Praxis der Forschung in grundlagenorientierten und in anwendungsorientierten Kontexten beizutragen hat.

Aus dem Teilnehmerkreis dieses Gesprächs wurden solche wissenschaftstheoretischen Überlegungen (von Norbert Groeben), Berichte über die internationale Diskussion in der klinischen Psychologie (Franz Caspar) und in der Unterrichtsforschung (Frank Fischer & Christof Wecker) sowie Erfahrungsberichte aus der Forschung zum Lernen mit Neuen Medien (Friedrich Hesse & Carmen Zahn) und der Arbeitspsychologie (Dieter Zapf) zusammengetragen. Sie finden sich in den nachfolgenden Texten.

Diese Beiträge stimmen nicht in allen Sichtweisen überein und noch weniger kann man in der gegenwärtigen Debatte in anderen Ländern einen Konsens identifizieren. Deshalb erscheint uns umso mehr die Klärung bestimmter Begriffe zur Diskussion dieser Thematik notwendig. Und es ist für die Diskussion hilfreich, wenn die *zentralen Rahmenbedingungen* bei der Qualitätssicherung zwischen anwendungsorientierter wie auch reiner Grundlagenforschung benannt werden. Insofern ist diese Einleitung keine Zusammenfassung des Gesprächs in Berlin. Es ist vielmehr ein Versuch, die Aspekte zu umreißen, die bei Diskussionen um Qualitätssicherung im Spannungsfeld zwischen anwendungsorientierter und grundlagenorientierter Forschung im Blick bleiben sollten. Die nachfolgenden Positionen wurden in der Sitzung des Fachkollegiums ‚Psychologie' im Juli 2005 diskutiert. Bezüglich der unten beschriebenen zentralen Rahmenbedingungen anwendungsorientierter Grundlagenforschung wurde festgestellt, dass diese in der gegenwärtigen Bewertungspraxis durch das Kollegium berücksichtigt werden. Sie sind aber keinesfalls als statischer Kriterienkatalog zu verstehen, der Richtlinien für Förderentscheidungen in der DFG definiert, sondern als Versuch, auf Fragen und auch auf Vorurteile zu reagieren, die im Zusammenhang mit anwendungsorientierter Forschung immer wieder auftreten. Eine Weiterführung der in Teilen sicherlich noch offenen Diskussion, auch in anderen geeigneten fachlichen Foren, wird als sinnvoll und wünschenswert angesehen.

1 Anwendungsorientierte Grundlagenforschung: Eine Begriffsbestimmung

Für die Psychologie ist dieses Thema bedeutsam, da sie exemplarisch für eine wissenschaftliche Disziplin ist, die einerseits wesentliche Beiträge zur Grundlagenforschung leistet, andererseits praktische Probleme aufgreift und versucht, Lösungen für diese zu entwickeln. Gleichzeitig ist sie eine in hohem Maße durch gemeinsame Standards und Methoden gut definierte Disziplin. Aber obwohl sich auf einer allgemeinen Ebene leicht ein gemeinsames Verständnis darüber herstellen lässt, dass die Qualität eines Forschungsvorhabens in der Psychologie durch seine gute theoretische Fundierung und die sorgfältig darauf abgestimmten Forschungsmethoden bestimmt werden, bleibt die Frage, was dies im Speziellen bedeuten kann. Diese Frage stellt sich insbesondere dann, wenn es um Forschungsvorhaben geht, die ein praktisches Problem aufgreifen und es in eine wissenschaftliche Fragestellung überführen, deren Bearbeitung wiederum einen Beitrag zum Erkenntnisgewinn in diesem Wissensbereich leisten soll. Hier können sich bestimmte Konflikte in Hinblick auf wissenschaftliche Zielkriterien ergeben, die bei der Beurteilung der wissenschaftlichen Qualität expliziert und berücksichtigt werden müssen. So können sich beispielsweise Konflikte daraus ergeben, dass das interessierende Phänomen nur in einer realistischen und damit notwendigerweise komplexen Situation zu untersuchen ist. Weiter unten sollen verschiedene dieser Rahmenbedingungen und Probleme allgemein dargestellt werden. Die weiteren Beiträge des Buchs liefern darüber hinaus zahlreiche Beispiele und Konkretisierungen.

Voraussetzung für die weitere Diskussion ist jedoch eine Definition dessen, was hier als Anwendungsforschung verstanden werden soll. Dabei werden wir im folgenden dezidiert von ‚anwendungsorientierter Grundlagenforschung' im Unterschied zur (reinen) Grundlagenforschung sprechen. Diese *Begriffsbestimmung* steht in einem Spannungsfeld, das üblicherweise zwischen den Polen ‚Grundlagenforschung' und ‚Anwendungsforschung' aufgespannt wird. Was heißt nun ‚anwendungsorientierte Grundlagenforschung'? Wesentliches Merkmal jeder (der anwendungsorientierten wie der ‚reinen') Grundlagenforschung ist die Generalisierbarkeit von Ergebnissen. Auch von Forschung, die praktische Probleme aufgreift, muss erwartet werden, dass sie zeigt, welche theoretisch relevanten Phänomene sie erklärt und welche Grundlagentheorien durch ihre Ergebnisse erweitert werden können bzw. müssen. Dies erfordert nicht notwendigerweise Untersuchungen mit Stichproben oder Grundgesamtheiten, aber es muss immer dargelegt werden, in welcher Weise z. B. die von ihr behandelten Fälle exemplarisch sind. ‚Anwendungsorientierte Grundlagenforschung' ist also Grundlagenforschung im Sinne von Generalisierbarkeit und theoretischer Anbindung. Sie ist aber keine ‚reine' Grundlagenforschung, da sie aus praktischen Problemen entsteht, was gleichzeitig die Perspektive der potenziellen Problemlösung einschließt. D. h. ‚anwendungsorientierte Grundlagenforschung' intendiert dezidiert praktische Effekte bzw. praktischen Nutzen und zieht sie auch zur Begründung und Beschreibung ihrer Fragestellungen heran. Auch ‚reine' Grundlagenforschung kann natürlich praktische Effekte und Nutzen haben, diese sind jedoch nicht Teil des Begründungszusammenhangs bei der Entwicklung der Fragestellung. In diesem Sinne wird die reine Grundlagenforschung alleine durch den theoretischen Diskurs stimuliert, dessen Teil sie selbst auch ist. Für das Verständnis der nachfolgenden Texte ist es sehr wichtig zu betonen, dass durch diese Unterscheidung eine Differenz akzentuiert wird, die v. a. der Veranschaulichung bestimmter Problemlagen dienen soll – in der Realität der Forschung findet sich eher ein *Kontinuum* von Projekten zwischen diesen beiden Unterscheidungsbegriffen.

Die Beiträge des vorliegenden Buches folgen nicht alle dieser Terminologie. So ist in einigen Beiträgen einfach von ‚Grundlagenforschung' und ‚Anwendungsforschung' die Rede, allerdings ist das Verallgemeinerungsziel der Anwendungsforschung dabei immer mitgedacht bzw. explizit Gegenstand des Beitrages. Einige Beiträge verwenden auch andere Begriffe, weil sie zum Teil etwas andere Akzente setzen wollen. So schlägt z. B. Norbert Groeben die Unterscheidung zwischen ‚epistemischer‘ und ‚praktischer‘ Forschung vor und entwickelt in seinem Beitrag eine wissenschaftstheoretische Konzeptualisierung der Differenz zwischen beiden Typen von Forschung. Norbert Groeben vertritt ein Differenzmodell und er arbeitet heraus, warum ‚praktische Forschung‘ keineswegs defizitär (z. B. im Sinne des Nicht-Erreichens bestimmter Anforderungen wie methodischer Strenge) im Vergleich zu ‚epistemischer Forschung‘ ist. In seinem Beitrag geht er von der Erkenntnis aus, dass das traditionelle, lineare Modell einer Kaskade von der Erkenntnisproduktion (Grundlagenforschung) zur Erkenntnisumsetzung (Anwendungsforschung) obsolet geworden ist. Alle Beiträge des Buchs teilen als Ausgangspunkt die Feststellung, dass ein solches *Kaskadenmodell* die Wirklichkeit der Forschung nicht angemessen beschreibt.

In der Bildungsforschung der USA wird in ähnlichen Debatten in jüngerer Zeit der Begriff ‚*use inspired basic research*‘ verwendet, um eine Forschung zu beschreiben, die nicht nur anwendungsorientiert konzipiert ist, sondern bei der auch gewährleistet ist, dass sie tatsächlichen praktischen Nutzen erbringt. Diese Debatte – und damit auch die Begriffswahl – hat allerdings eine etwas andere Zielrichtung. Sowohl in der Klinischen Psychologie als auch in der Pädagogischen Psychologie waren eher das Unbehagen über die ungenügende praktische Wirksamkeit von Grundlagenforschung der Ausgangspunkt als die Frage der Qualitätssicherung wissenschaftlicher Forschung. Die Beiträge von Frank Fischer und Christof Wecker (Bildungsforschung) und Franz Caspar (Klinische Psychologie) dokumentieren diese Debatte. Sie machen deutlich, dass dort die Frage nach der Sicherstellung praktischer Wirksamkeit (ein in diesem Zusammenhang forschungspolitisch sehr betonter Aspekt) unmittelbar mit Fragen der Qualitätssicherung verbunden ist. Dies wird etwa an der aktuellen und in den USA sehr strittigen Diskussion um die *randomized trials* als ‚Goldstandard‘ jeder Klinischen Forschung und Bildungsforschung gut deutlich. Die Diskussion ist auch deshalb interessant, weil in dortigen Systemen der Wissenschaftsförderung sowohl qualitative als auch quantitative Parameter des *unmittelbaren* gesellschaftlichen Nutzens einzelner Forschungsvorhaben zu den Kriterien der Qualitätssicherung gehören. Dies ist hier – im Kontext der DFG – weniger etabliert. Zwar sehen die ‚Kriterien für die Begutachtung‘ (siehe DFG-Vordruck 10.20) bei der Frage nach der Qualität eines Vorhabens auch den Aspekt der besonderen Bedeutung aus wissenschaftspolitischen, gesellschaftspolitischen oder wirtschaftlich-technischen Gründen vor, der potenzielle Nutzen ist jedoch bei der Beurteilung einzelner Projektvorhaben kein entscheidendes Kriterium der Qualitätssicherung – möglicherweise auch deshalb nicht, weil die Beurteilung ‚außerwissenschaftlicher‘ Kriterien außerhalb der Expertise der Gutachter im *peer review*-System der DFG liegt.

Aus diesem Grund wird die Nutzen-Perspektive nicht zum Ausgangspunkt dieses Textes gemacht. Vielmehr erscheint es uns bei den Debatten um ‚Anwendungsorientierung‘ wichtig, konzeptuell zwischen Fragen des Nutzens und Fragen der Qualitätssicherung von Forschung zu unterscheiden.

Den Begriff der *anwendungsorientierten Grundlagenforschung* schlagen wir in der Absicht vor, die Rahmenbedingungen für die Beurteilung wissenschaftlicher

Qualität *im Kontext der DFG-Förderung* zu diskutieren. Beispiele für die Förderung ‚anwendungsorientierter Grundlagenforschung‘ durch die DFG sind in der Psychologie zahlreich. Als Förderschwerpunkte können hier beispielsweise die Schwerpunktprogramme ‚Bildungsqualität von Schule‘ oder aktuell ‚Altersdifferenzierte Arbeitssysteme‘ genannt werden. Daneben existieren eine Vielzahl von Einzelprojekten, die Erkenntnis- und Nutzeninteresse erfolgreich verknüpfen konnten. Abzugrenzen von der anwendungsorientierten Grundlagenforschung ist die Anwendungsforschung, bei der nicht ein Erkenntnisinteresse, sondern die praktische Problemlösung im Vordergrund steht. Solche Transferforschung, die z. B. den Einsatz von Prototypen in der Praxis zum Gegenstand haben kann, liegt nicht im Fokus des Förderhandelns der DFG (obwohl die Fördermöglichkeiten der DFG den Transfer keineswegs ausschließen, z. B. in den sog. ‚Transferbereichen‘ der Sonderforschungsbereiche).

Im Rahmen der Qualitätssicherung wissenschaftlicher Forschung muss es also um die Sicherstellung der Verallgemeinerbarkeit und der Weiterentwicklung theoretischer Erkenntnis gehen. Aus unserer Begriffsbestimmung ergibt sich auch, dass die Unterscheidung zwischen anwendungsorientierter Grundlagenforschung und reiner Grundlagenforschung nicht mit der Aufteilung zwischen den sogenannten ‚Grundlagenfächern‘ und ‚Anwendungsfächern‘ der Psychologie zusammenfällt. Es gibt z. B. anwendungsorientierte Grundlagenfragen der Allgemeinen Psychologie oder der Entwicklungspsychologie, so wie es z. B. auch reine Grundlagenfragen der Pädagogischen Psychologie oder der Klinischen Psychologie gibt.

Obwohl es also viele erfolgreiche Projekte der anwendungsorientierten Grundlagenforschung gibt, werden in der Begutachtungspraxis jedoch immer wieder bestimmte Konflikte diskutiert, die nachfolgend kurz erläutert und die in den Beiträgen des Buchs ausführlicher behandelt werden. Dabei wird auch deutlich werden, dass viele dieser Konflikte *allgemeine* Fragen der Qualitätssicherung empirisch orientierter Forschung betreffen, die je nachdem, ob es sich um anwendungsorientierte oder rein grundlagenorientierte Forschung handelt, gleichsam in unterschiedlichem Gewand erscheinen.

2 Zentrale Rahmenbedingungen bei der Qualitätssicherung von anwendungsorientierter und reiner Grundlagenforschung

2.1 Experimentelle Kontrollierbarkeit vs. Komplexität

Unter diesem Stichwort sollen Aspekte skizziert werden, die die experimentelle Kontrollierbarkeit komplexer psychologischer Phänomene betreffen. Das Experiment bietet methodisch vor allem den Vorteil, dass es im Idealfall eine eindeutige Zuschreibung einer Wirkung zu einer Ursache zulässt. Die Voraussetzung für die Aufklärung von Ursache-Wirkungs-Zusammenhängen ist dabei die Kontrolle aller anderen Faktoren – je stärker die Kontrolle, desto klarer die Prüfung des vermuteten Kausalzusammenhangs. In der Beurteilung von Forschungsdesigns wird die interne Validität des Experiments häufig stark gewichtet, andere Methoden werden demgegenüber als qualitativ geringer wertig eingestuft.

Bei der angewandten Grundlagenforschung stellen sich häufig Schwierigkeiten bei der experimentellen Bedingungskontrolle. Dies stellt Herausforderungen bei

- der Sicherung und Bewertung der Verallgemeinerungsfähigkeit empirischer Ergebnisse sowie
- der Zielsetzung und Bewertung des Theorieertrages von Forschung sowie
- der Abschätzung und der Begründung des untersuchungspraktisch erforderlichen Aufwandes.

Alle Problembereiche hängen zusammen. Sie resultieren aus den nachfolgend aufgeführten Faktoren:

- Anwendungsorientierte Probleme setzen der oft – methodisch wünschenswerten – Isolation einzelner Variablen bzw. der theoretischen Fokussierung auf bestimmte vermutete Kausalbeziehungen konzeptuelle Grenzen. Rein grundlagenorientierte Problemstellungen lassen sich leichter (nicht immer) aus den Kontexten der Lebenswirklichkeit ‚herauspräparieren' und isolierter untersuchen als die anwendungsorientierten Grundlagenfragen.
- Untersuchungen zu vielen angewandten Probleme müssen mit der Reflexivität der Probanden rechnen oder sind sogar auf diese ebenso wie auf deren Motivation angewiesen.
- Angewandte Probleme müssen in Kontexten bearbeitet werden, die – aus praktischen Gründen – weniger gut beeinflussbar sind als die Kontexte, in denen die grundlagenorientierten Probleme behandelt werden müssen.
- Angewandte Probleme schränken häufig sowohl aus ethischen wie auch aus praktischen Gründen die Eingriffsmöglichkeiten der Untersucher gegenüber den Untersuchungssubjekten stark ein, so dass experimentelle ‚Manipulationen' nicht im idealtypischen Ausmaß möglich sind.

Die Konsequenz kann und soll natürlich nicht sein, Experimente dort, wo sie sinnvoll und möglich sind, aufzugeben. Berücksichtigt werden sollte dabei aber, dass die Kontrollierbarkeit Grenzen hat und daher kein absolutes Beurteilungskriterium sein kann. Experimentelle Kontrolle kann in bestimmten Zusammenhängen sogar ein unangemessenes oder im Forschungsprozess nur in bestimmten Phasen sinnvolles Zielkriterium sein. Beispiele dafür finden sich u. a. in den Beiträgen von Friedrich Hesse und Carmen Zahn und von Dieter Zapf. Ein Dilemma besteht hier darin, dass manchmal eine Zerlegung des interessierenden Phänomens in experimentell kontrollierbare Faktoren zwar mit entsprechender Anstrengung möglich wäre, dieses aber zum Verschwinden bringen würde. So schildern beispielsweise Friedrich Hesse und Carmen Zahn, wie Spezifika des Lernens mit Hypervideos nur durch ein *Zusammenspiel* verschiedener Einflussfaktoren entstehen können. In wiederum anderen Fällen müssen z. B. ethische Aspekte im Vordergrund der Überlegungen zu angemessenen Forschungsdesigns stehen (etwa in der Psychotherapieforschung). Wie aber können nun solche Situationen forschungsmethodisch so untersucht werden, dass die Ergebnisse einen Beitrag zur Klärung theoretisch interessanter Fragen leisten können?

In der angewandten Grundlagenforschung wird damit ein Problem besonders deutlich, dass sich im Grundsatz auch in der reinen Grundlagenforschung stellt. Auch dort ist es problematisch, wenn man außer Acht lässt, dass Kontrolle auch in vielen – scheinbar gut beherrschten – Laborsettings die interessierenden Phänomene zerstören kann. (Norbert Groeben diskutiert dies unter dem Stichwort ‚molare Prozessperspektive'.)

2.2 Qualitätssicherung der Theorieentwicklung bei anwendungsorientierter Forschung: Heterogenität und die ‚Reinheit' von Denkstilen

Anwendungsorientierte Forschung reagiert auf praktische Probleme. Ihr Ergebnis muss jedoch immer einen Beitrag auch zum theoretischen Diskurs liefern – in diesem Sinne ist und bleibt sie Grundlagenforschung. Die Art dieses Beitrages zum theoretischen Diskurs unterscheidet sich jedoch teilweise von dem Beitrag, der bei der rein grundlagenorientierten Forschung erwartet werden kann. Die Theoriebasis kann heterogener sein, der Theorieertrag kann auch darin bestehen, dass die herangezogenen Hintergrundtheorien eher ‚ausgetauscht' als verändert werden, und die herangezogenen Hintergrundtheorien werden eher nur partiell benutzt, um daraus Theorien und empirische Vorhersagen abzuleiten, die dem jeweiligen Problembereich angemessen sind. Das sei im folgenden ausführlicher erläutert.

Rein grundlagenorientierte Forschung entwickelt empirische Anordnungen (im Idealfall) aus kohärenten theoretischen Annahmen, die einen bestimmten Gegenstandsbereich betreffen, ihn zugleich aber auch – durch die Formulierung der Konstrukte – erst konstituieren. Bei diesem Konstitutionsprozess sind die Untersucher ‚frei' in der Wahl der Beschreibungsebenen und im Fokussieren auf bestimmte Klassen von empirischen Phänomenen und von Typen von theoretischen Rekonstruktionen. Selbstverständlich müssen sich diese Konstruktionen empirisch bewähren. Im Vergleich zu einer anwendungsorientierten Grundlagenforschung sind die Freiheitsgrade und damit auch die Möglichkeit zu *Stilreinheit* und *Kohärenz der Theoriebildung* deutlich höher. Pointiert ausgedrückt: Man soll und darf eine Sache sehr einseitig, nämlich aus der Perspektive nur einer Theorie sehen.

Im Unterschied dazu erfordert anwendungsorientierte Grundlagenforschung häufig mehr oder weniger starke Theorieheterogenität, die im besten Fall zur Integration von Theorien führt. Bestimmte empirische Konstellationen werden nicht nur aus der Perspektive des Entwicklungsstandes einer Theorie (also einer Stelle, an der eine bestimmte Theorie über einen Phänomenbereich weiter zu entwickeln ist) heraus formuliert, sondern auf Grund einer praktischen Problemstellung. Eine solche praktische Problemstellung lässt sich in vielen Fällen jedoch nicht nur unter Bezug auf eine bestimmte Theorie rekonstruieren, sondern sie zwingt zu der Berücksichtigung unterschiedlicher Sorten von Theorien. Sie zwingt deshalb dazu, weil das jeweilige empirische Phänomen nicht auf Grund der Perspektive der Theorie konstituiert und konstruiert werden kann, sondern sich aus der (allerdings ihrerseits selbst theoretisch geleiteten) Betrachtung einer realen Problemstellung ergibt. Praktisch äußert sich das häufig darin, dass eine anwendungsbezogene Grundlagenfrage die

Einbeziehung von Variablen erfordert, die aus unterschiedlichen theoretischen Perspektiven heraus definiert werden.

Die voranstehende Überlegung sei an einem vereinfachten Beispiel illustriert: Wenn Lernen aus rein grundlagenpsychologischer Sicht untersucht wird, kann man sich als Untersucher auf bestimmte Prozesse der Informationsverarbeitung oder der Gedächtnisrepräsentation beim Lernen konzentrieren und diese eben dann unter Bezug auf theoretische Annahmen über den Aufbau des Gedächtnisses, das Einspeichern von Informationen usw. untersuchen. Empirisch konzentriert man sich dabei auf die Phänomene (Verhaltensweisen, Gehirnströme, Augenbewegungen etc.) die als empirischer Referenzpunkt aus der Perspektive der jeweiligen Theorie in Frage kommen. Andere Einflüsse und Variablen müssen nur insoweit thematisiert werden, als sie die Gültigkeit der jeweiligen empirischen Hypothesen betreffen bzw. gefährden könnten, d. h. insofern als dass sie Alternativerklärungen für Daten liefern können. Beispiele für solche Klassen von Einflüssen und Variablen wären z. B. Intentionen, motivationale Zustände, Unterschiede der Lerninhalte. Geht es umgekehrt um eine motivationspsychologische Theorie können die Gehirnströme etc. ignoriert werden (es sei denn, es ist eine neuropsychologische Theorie der Motivation). Selbstverständlich, das muss betont werden, ist es eine empirische Frage, ob die Theorie so gut ist, dass sie die jeweiligen Phänomene tatsächlich unter Ausblendung anderer Klassen von Einflüssen und damit Variablen zu formulieren ermöglicht. Auch in der Grundlagenforschung muss im Rahmen der Qualitätssicherung die Legitimation der Einschränkung auf eine bestimmte theoretische Perspektive (deren empirische Rechtfertigung) überprüft werden. Im Grundsatz ist es aber möglich und auch anstrebenswert, eine bestimmte Theorie *stilrein* zu formulieren. (Dieses Konzept knüpft an den Begriff der *Denkstile* an, den Ludwik Fleck für die gegenstandskonstituierenden Perspektiven von homogenen Wissenschaftlergruppen, z. B. bestimmten Denkschulen, vorgeschlagen hat.)

Anders in der anwendungsorientierten Grundlagenforschung: Wenn – ausgehend von den praktischen Möglichkeiten des Lehrens und Lernens mit Computern – der Frage nachgegangen werden soll, unter welchen Bedingungen Text und Bild beim Lernen am PC sich gut ergänzen, wann sie sich stören und welche Lerner von welchen Varianten profitieren, dann sind für die Analyse derartiger Lernprozesse Variablenklassen zu berücksichtigen, die nicht mehr allein in *einem* theoretischen Rahmen zu formulieren sind. In diesem Sinne ist hier von Heterogenität und geringerer Stilreinheit die Rede, d. h. es müssen Elemente unterschiedlicher Theorien und damit auch Konstrukte aus unterschiedlichen innerpsychologischen Diskursen heran gezogen werden, um dem jeweiligen Problem gerecht zu werden.

All diese Unterschiede sind jedoch nur relativ, insbesondere bei paradigmatischen Umbrüchen ist auch in rein grundlagenorientierten Forschungsprogrammen der Theorieertrag durch mangelnde *Stilreinheit* und durch Heterogenität gekennzeichnet. Außerdem gibt es natürlich Wechselbeziehungen, d. h. auch die zu Grunde gelegten Theorien aus der reinen Grundlagenforschung können von dieser stärker heterogenen und partiellen Nutzung profitieren.

2.3 Die *one shot'*-Situation vs. Reproduzierbarkeit von Untersuchungsserien

Bei Untersuchungen in komplexen Systemen, z. B. in der Schule, in Betrieben und Kliniken und mit bestimmten Probandengruppen (z. B. Personen mit besonderen Störungen, besonderer Expertise, besonderen beruflichen Stellungen), ist es oft schwierig, Serien von empirischen Erhebungen oder Experimenten durchzuführen. Natürlich ist es auch in der reinen Grundlagenforschung häufig so, dass der technische oder apparative Aufwand sehr groß ist. Dennoch sind die Möglichkeiten des Wiederholens sowie des Austestens und der vorherigen Prüfung der Aussagekraft bestimmter Experimente deutlich einfacher als bei empirischen Erhebungen in komplexen sozialen Systemen. Dies führt untersuchungspraktisch oft zu einem erhöhten Aufwand bei der anwendungsorientierten Grundlagenforschung.

Wenn man eine *one shot'*-Situation hat, muss man deshalb in größerem Maße mit unerwarteten Ergebnissen rechnen, die wiederum alternative Erklärungen erfordern. Diese Rahmenbedingungen tragen also auch zur Heterogenität der zu Grunde liegenden Theorien bei.

2.4 Erhöhter Aufwand durch Stichprobenpflege und Rückmeldung an die Forschungssubjekte vs. Sparsamkeit

Beim Umgang mit komplexen sozialen Systemen ist darüber hinaus ein zusätzlicher Aufwand in Rechnung zu stellen, der sich dadurch ergibt, dass die Subjekte im Feld ihrerseits bestimmte Ansprüche an die Forscher stellen, was die Rückmeldung von Ergebnissen, die Beantwortung von konkreten Fragen usw. betrifft. Dabei ist im Rahmen der Qualitätssicherung darauf zu achten, dass diese zusätzlichen Anforderungen nicht die Forschungsarbeit selbst determinieren. So ist undenkbar, dass ein Forschungsvorhaben förderungswürdig ist, dessen Ergebnisse nicht publiziert werden können, weil sie nur einer bestimmten Firma oder Organisation nützlich sein sollen oder nützlich sind (siehe dazu den Beitrag von Dieter Zapf). Denkbar ist jedoch, bei der Förderung auch den Teil des Aufwandes zu berücksichtigen, der im Rahmen der Stichprobenpflege notwendig ist und z. B. Rückmeldungen an die beteiligten Forschungssubjekte und eine Erbringung von Forschungsdienstleistungen – soweit sie mit der inhaltlichen Fragestellung verknüpft sind – umfasst, um den entsprechenden Feldzugang sozusagen im Austausch zu erhalten.

3 Implementationsforschung: Die Anwendung psychologischer Forschung als Gegenstand psychologischer Forschung

Während sich die vorangegangenen Problemlagen im Grundsatz auch in anderen empirischen Disziplinen stellen, hat die Psychologie noch zusätzlich die Möglichkeit, die oben skizzierte Problemlage selbst zum Forschungsgegenstand zu machen. Die Untersuchung der Anwendung wissenschaftlichen Wissens und ihrer Bedingungen ist selbst ein interessantes Forschungsthema der Psychologie und solche Untersuchung kann ihrerseits Grundlagen für die kontinuierliche Diskussion um die Qualitätssicherung anwendungsorientierter Forschung liefern.

Ein Beispiel: In der Medizin und auch in der klinischen und in der pädagogischen Psychologie wird derzeit versucht, die Berufspraxis durch sogenannte evidenzbasierte Handlungsempfehlungen stärker wissenschaftlich zu fundieren. Es ist nun ein sozialwissenschaftliches und zu einem erheblichen Teil auch psychologisches Forschungsprogramm, die Möglichkeiten und Grenzen dieses evidenzbasierten Ansatzes auszuloten, indem empirisch und theoretisch beschrieben wird, welche Möglichkeiten der Beeinflussung der Berufspraxis (z. B. von klinischen Psychologen, Lehrern oder von Ärzten) tatsächlich durch die Auswahl von *treatments* als evidenzbasiert bestehen. Die Ergebnisse solcher Untersuchungen sollten auch Rückschlüsse zu Validitätsfragen ermöglichen. Wenn sich z. B. *treatments*, die als evidenzbasiert begründet werden, konsistent als wenig wirksam erweisen, wenn sie in breitem Maßstab angewendet werden, dann wirft dies auch Fragen bezüglich der internen und der externen Validität der zu Grunde liegenden Forschung auf.

Die Nutzung von theoretischen Sichtweisen und empirischen Befunden der Psychologie liefert also – indirekt – auch Daten zur Validität ihrer Ergebnisse. Allerdings lassen sich diese Daten nicht unmittelbar aus dem praktischen Erfolg psychologisch basierter Berufspraxen und Problemlösungen ablesen. Sie sind selbst – wiederum theoretisch basiert – empirisch zu rekonstruieren. Dies gilt schon deshalb, weil ein praktischer Erfolg die Dissemination und damit auch öffentliche Akzeptanz erfordert; die Akzeptanz psychologischer Methoden, Theorien und Ergebnisse aber auch durch andere Faktoren (z. B. kulturelle Strömungen) als nur deren Validität beeinflusst wird.

Literatur

Fleck, L. (1980, Orig. 1935). *Entstehung und Entwicklung einer wissenschaftlichen Tatsache.* Frankfurt: Suhrkamp.

Beiträge

Die Überwindung der Grundlagen-Anwendungs-Implikation und Zielkriterien für praktische und epistemische Forschung – eine wissenschaftstheoretische Perspektive

Norbert Groeben

Zusammenfassung

Zentrale Problemperspektive ist das auch in der DFG immer wieder diskutierte Verhältnis von ‚reiner' Grundlagenforschung und Anwendungsforschung. Dabei ist zunächst die Fragestellung selbst wissenschaftstheoretisch präziser zu rekonstruieren in Richtung auf eine Überwindung der Grundlagen-Anwendungs-Implikation mit den daraus folgenden Konsequenzen für die Bewertung von Forschung. Im zweiten Schritt werden – am Beispiel der Psychologie – potenzielle Besonderheiten und Konflikte bei der Beurteilung praktischer Forschung thematisiert, die im Prozess der Begutachtung von Forschung durch *peer review* bislang nicht systematisch expliziert und berücksichtigt werden. Aus einer Binnendifferenzierung von Untersuchungsaspekten und einer Außendifferenzierung von Verwertungsaspekten lassen sich Gemeinsamkeiten wie Schwerpunktsetzungen in den Anforderungen und Evaluationskriterien für praktische und epistemische Forschung ableiten.

1 Die Überwindung der Grundlagen-Anwendungs-Implikation

Die Debatte über Wertschätzung und Wirkung geistes- und sozialwissenschaftlicher Forschung ebenso wie ihre übergreifenden Themen belegen, dass auch dieser Wissenschaftsbereich nicht unabhängig von gesellschaftlichen, politischen und kulturellen Entwicklungen gesehen wird und sich selbst sieht. Insofern ist die seit einiger Zeit unter forschungspolitisch-pragmatischer Perspektive geführte Diskussion über das Verhältnis von ‚reiner' Grundlagenforschung und Anwendungsforschung auch für die Psychologie relevant (DFG, 2002). Durch diese Gegenüberstellung wird jedoch ein künstlicher Gegensatz konstruiert und tradiert, der für eine konstruktive Beschäftigung mit Qualitätsstandards und Bewertungskriterien überwunden werden muss, denn:

– Das klassische Kaskaden- bzw. Zwei-Stufen-Modell ist inadäquat.

13

Das lineare Modell des Wissenstransfers von der Grundlagenforschung (= Erkenntnisinteresse) über die Anwendungsforschung (= Nutzungsinteresse) hin zu Beratung, Entwicklung und Gestaltung ist nicht adäquat, wie wissenschaftstheoretische und -historische Analysen immer wieder ergeben haben. Die wichtigsten Argumentationslinien sind:

(Grundlagen-)Forschung und berufliche Praxis haben sich – in der Psychologie – getrennt entwickelt (Schönpflug, 1993; Bsp. Verhaltenstherapie als anfangs von der Verhaltenstheorie unabhängige praktische Entwicklung); aus berufspolitischen Gründen werden beide Traditionen dann aber in dem Zwei-Stufen-Modell von (Grundlagen-)Forschung und Anwendung(sforschung) zusammengespannt.

Die Relation von (Grundlagen-)Forschung zu gesellschaftlichen Zielen (Finalisierungsperspektive: z. B. van den Daele, Krohn & Weingart, 1977) zeigt höchstens für paradigmatische Theorie-Phasen ein Kaskaden-Modell; für nachparadigmatische Phasen gibt es Rückkopplungsschleifen, in denen ein Einfluss von Anwendungsfragen auf die Theorieentwicklung besteht – eine Modellierung, die ggf. auch für nichtparadigmatische Disziplinen generell anzusetzen ist.

Praktische Problemlösungen sind durch ‚kontextualisierte Kausalbeziehungen‘ gekennzeichnet, das heißt funktionale Abhängigkeiten, die in einem bestimmten Kontext feststellbar sind und zur Problemlösung ausreichen (Carrier, 2004; Beispiele Penizillin, Akupunktur etc.). Erst wenn die Effektivität dieser Problemlösung ausbleibt, ist eine ‚kausale Vertiefung‘ nötig (Bsp. Antibiotika-Resistenz). In der Wechselwirkung zwischen kontexualisierten Kausalbeziehungen und kausaler Vertiefung gibt es ‚Anwendungsinnovationen‘ in beide Richtungen.

Mit der Komplexität der gesellschaftlichen Problemlagen und wissenschaftlichen Forschungsfragen verschmelzen Grundlagen- und Anwendungsforschung zunehmend, auch was die personalen Kompetenzen und die Zusammenarbeit zwischen Personen in Gruppenstrukturen in ‚reinen‘ und ‚angewandten‘ Forschungsinstitutionen angeht etc. (so genannter Modus 2 nach Gibbons, 1994; vgl. auch Bender, 2001). Dieser Modus 2 ist durchgängig nicht nur durch Interdisziplinarität, sondern auch durch Transdisziplinarität (im Sinne der Durchdringung von Erkenntnis- und Praxisinteresse) gekennzeichnet.

Metatheoretisch kann man mit Brinberg/McGrath zwischen der **Konzept-**, **Methoden-** und **Gegenstandsorientierung** der Forschung (in der Psychologie) unterscheiden. Dann weist die so genannte Grundlagenforschung das Ablaufmuster KMG, die Angewandte Forschung das Ablaufmuster GMK auf; der Überlappungsbereich (bzw. die gemeinsame Wegstrecke) wäre durch den Ablauf KGM gekennzeichnet (McGrath & Brinberg, 1984).

– Aus der differenzierteren Sicht der wissenschaftshistorischen und -theoretischen Analysen ergeben sich folgende Konsequenzen:

Die Konsequenz terminologischer Art ist, dass sich die Benennung von ‚Grundlagen‘- und ‚Anwendungs‘-Forschung in beiden Teilen als obsolet erwiesen hat (vgl. schon Jaeger, 1989). Stattdessen ist (mit Carrier) adäquater von den beiden prototypischen Polen der epistemischen und der praktischen Forschung zu sprechen.

Dabei ist die Unterstellung, dass praktische Forschung weniger ‚harte‘ (anspruchsvolle) Zielkriterien (‚Standards‘) erfüllt, ein Vorurteil, das auf dem inadäquaten Kaskaden-Modell beruht; dieses Modell führt aber letztlich nur zu einer komplementären Vorurteilsstruktur auf beiden Seiten (vgl. D. J. Herrmann, 1998; vgl. auch Herrmann, Raybeck & Gruneberg, 1997; s. u. Anhang), die es zu überwinden gilt.

Dem Forschungsmodell, in dem Erkenntnis- und Nutzungsinteresse als entgegengesetzte Pole einer Dimension – also als prinzipiell konfliktär – betrachtet werden, ist ein zweidimensionales Modell gegenüber zu stellen, in dem Erkenntnis- und Nutzeninteresse als unabhängig voneinander angenommen werden, so dass auch alle denkbaren Kombinationen möglich sind. In Bezug auf die adäquaten (Ziel-)Kriterien für praktische Forschung geht es dann darum, solche Kriterien zu explizieren, die dem praktischen Erkenntnisinteresse optimal gerecht werden; und die Überwindung des Zwei-Stufen-Modells von Forschung impliziert dabei durchaus die Perspektive, dass damit auch ein Gewinn qua Entwicklungspotenzial für epistemische Forschung verbunden sein kann.

2 Ziel-/Evaluationskriterien für praktische (und epistemische) Forschung

Innerhalb des Zwei-Stufen-Modells wird (bisher) gewöhnlich der mögliche Transfer von Forschungsergebnissen in die Praxis als ein Argument für die gesellschaftliche Bedeutsamkeit und damit für die Förderungswürdigkeit eines Projektes angeführt. Für praktische Forschung sollte dies auch durchaus eine Beurteilungsdimension im Hinblick auf die DFG-Förderung darstellen. Dabei kann jedoch in den meisten Fällen die behauptete Anwendungsrelevanz kaum überprüft werden. Das liegt zum einen daran, dass keine *Kriterien* für diese Überprüfung vorliegen; zum anderen, dass die Gutachter aus der Wissenschaft, nicht aus der Anwendung kommen, also keine Experten für die Beurteilung dieser Frage darstellen. So wird die behauptete Relevanz häufig ohne weitere Prüfung als gegeben akzeptiert.

Die Kehrseite davon ist, dass die Förderungswürdigkeit auch bei Anträgen praktischer Forschung primär nach denjenigen methodischen Qualitäten beurteilt wird, die wesentlich von der Begutachtung epistemischer Forschung geprägt sind (z. B. mit der Bevorzugung der internen Validität). Es bleibt das Problem für die Beurteilung praktischer Forschung, wie die externe Validität adäquat zu berücksichtigen ist bzw. wie mit dem potenziellen Konflikt zwischen interner und externer Validität umgegangen werden soll. Wissenschaftliche Auswahl- und Entscheidungsprozesse sind in dieser Hinsicht sicherlich verbesserungsfähig (DFG, 2002). Mit der Überwindung des Kaskaden-Modells ist allerdings eine spezielle, separate Explikation von Beurteilungskriterien für praktische Forschung nicht sinnvoll. Vielmehr sollten solche Kriterien aus der zugleich differenzierenden und integrativen Diskussion der Anforderungen an praktische wie epistemische Forschung hergeleitet werden; diesbezügliche Stichworte bietet, gegliedert nach Untersuchungsaspekten/-schritten im Forschungsprozess, Tabelle 1. Dabei sind die klassischen methodologischen Bewertungskriterien epistemischer Forschung als Hintergrundfolie mit zu denken. Vor diesem Hintergrund sollen zum einen spezifische Problem- und damit Sollaspekte praktischer Forschung benannt werden (für die eine unveränderte Übertragung epistemischer Methoden-‚Standards‘ inadäquat wäre). Zum zweiten lassen sich aber von dem so erweiterten Problemhorizont auch notwendige Modifikationen und Fortentwicklungen in den Problem- und Sollaspekten epistemischer Forschung rekonstruieren (für die der Austausch mit den Zielkriterien praktischer Forschung also produktiv wirken kann).

Tabelle 1: Binnendifferenzierung von Untersuchungsaspekten und Anforderungen in praktischer und epistemischer Forschung

Forschungsphase	Praktische Forschung	Epistemische Forschung

Heuristik	• Problemexplikation/relevante Einflussfaktoren als Zusammenführung von Theorie- und Erfahrungsheuristik	• Überwindung der wissenschaftsinternen (methodengetriebenen) Heuristik (‚*tools to theories*‘)
		• Theorierekonstruktion:
		  – Auflösung unechter Theorienkonkurrenzen
		  – Begriffssynthese (gegen Überdifferenzierung)

Untersuchungsplanung	• Molare Prozessperspektive: insbesondere Komplexe von Einflussfaktoren	• Theorierekonstruktion:
		  – Hypothesenintegration (Metaanalysen etc.)
		  – Rekonstruktion von Theoriefamilien/Modellklassen
		• Steigerung des Informationsgehalts von Gesetzmäßigkeiten (Einfachheitskriterium gegen permanente Aufspaltung von UVn)

Operationalisierung	• Spezifizierung von Situationsumständen/kontextualisierte Kausalität
	  – Nomopragmatische Aussagen
	  – Handlungsanweisungen/-regeln
		• Überwindung der aktualitätsdominierten Metaphern-Heuristik
		• Verbindung von methodologischen Individualismus und Kollektivismus/Holismus

Versuchsplanung, Erhebungsmethoden	• Versuchsplanung, Erhebungsmethoden: Integration sog. quantitativer und qualitativer Ansätze	• Reflexion von Denkstilen; Konstruktion von Tatsachen; ontologischen, anthropologischen Implikationen; Erklärungstypen
Statistische Auswertung	• Prozessbezogene Auswertungsmodelle: Zeitreihenanalyse; Funktionale Datenanalyse; Mehrebenen-Analyse	• Verbindung mit Erklärungsstrukturen: Wie-Erklärung (Prozess-Kausalität, auslösende Ursachen); Warum-Erklärung (Struktur-Kausalität); Relation zwischen beiden etc.
Geltungsprüfung	• Effektivität: Geltungssicherheit, Geltungsrobustheit	• Relativierung von (methodologischen) Mängel-Allergien

In der ersten Forschungsphase, der Heuristik, geht es für die Problemexplikation der praktischen Forschung vor allem darum, relevante Einflussfaktoren zu identifizieren, die nicht nur von der bisherigen (vor allem experimentellen) epistemischen Forschung, sondern auch von der Alltagserfahrung her als relevant für den thematischen Problembereich angesehen werden können. Es handelt sich also um eine Zusammenführung von Theorie- und Erfahrungsheuristik, die im Englischen als ‚*experimental*' und ‚*experiental*' bezeichnet wird. Im Prinzip liegt damit schon in der Heuristikphase ein Ausgleich zwischen interner und externer Validität vor, von dem auch die Heuristik der epistemischen Forschung durchaus profitieren könnte. Das betrifft etwa die Kritik der wissenschaftsinternen, vor allem methodengetriebenen Heuristik, bei der z. B. statistische Modelle als Instrumente der Theorieexplikation fungieren (‚*tools-to-theories*'; Gigerenzer, 1989, 1991). Diese methodengetriebene Heuristik hat z. B. zu unrealistischen Rationalitätsanforderungen in der kognitionswissenschaftlichen Rationalitätsforschung geführt, die die praktische Relevanz der epistemischen Forschung herabgesetzt haben. Eine integrative Theorie- und Erfahrungsheuristik kann daher den Überlappungsbereich zwischen epistemischer und praktischer Forschung vergrößern. Dazu gehört bei der Theorierekonstruktion vor allem die Auflösung unechter Theorienkonkurrenzen und die Überwindung überdifferenzierter Begriffsunterscheidungen (Groeben, 2003), die durch das Innovationsstreben der epistemischen Forschung zustande kommen, zugleich aber die Brauchbarkeit entsprechender theoretischer Modellierungen in der praktischen Forschung beschränken.

In der Phase der Untersuchungsplanung (Phase 2) ist für praktische Forschung das entscheidende Charakteristikum, dass es hier in der Regel um (molare) Komplexe von Einflussfaktoren geht, das heißt um die Identifikation von denjenigen Antezedensbedingungen, die in der Alltagsrealität typischer Weise in Kombination auftreten. Die molare Prozessperspektive der praktischen Forschung ist mehr an solchen Komplexen von Einflussfaktoren interessiert als an der (Gegeneinander-)Variation einzelner Antezedensbedingungen (vgl. Nafstad, 1982; Bungard, Schultz-Gambard & Antoni, 1988). Dem entspricht bei der epistemischen Forschung im Rahmen der Theorierekonstruktion die Hypothesenintegration, wie sie z. B. durch Metaanalysen erreicht wird, die eine Zusammenführung von Fragestellungen, Operationalisierungen, Untersuchungsdesigns und Auswertungsmodellen ermöglichen. Das wird ergänzt durch die Rekonstruktion von Theoriefamilien bzw. Modellklassen, die letztlich sowohl für praktische wie epistemische Forschung mehr Brauchbarkeit besitzen als spezialisierte, parzellierte Mini-Theorien. Bei entsprechender Validierung impliziert das eine Steigerung des Informationsgehalts von Gesetzmäßigkeiten, die für beide Forschungstraditionen einen Gewinn darstellt. Auf jeden Fall ist es wichtig, dass sich die Präzisionssteigerung durch permanente Ausdifferenzierung der Wenn-Komponente von Gesetzmäßigkeiten nicht verselbstständigt, da dies zu einer Verminderung des Informationsgehalts der Gesamthypothese und der Gegenläufigkeit von interner und externer Validität führt (vgl. schon Opp, 1970; s. auch Westermann, 2000).

Für die Umsetzung von Theoriemodellen in Operationalisierungen (Phase 3) geht es bei der praktischen Forschung vor allem um die Spezifizierung von Situationsumständen, die im Sinne der kontextualisierten Kausalität bei der Überprüfung von Hypothesen/Prognosen berücksichtigt werden müssen. Die klassische Wissenschaftstheorie unterscheidet hier zwischen nomologischen Aussagen, in denen eine

Idealsituation qua Elimination bzw. Kontrolle von Störvariablen angezielt ist, und nomopragmatischen Aussagen, die diese ,Idealisierung' gerade revidieren (Bunge,1967; Westmeyer, 1979, 1987); soweit praktische Forschung auf die Überprüfung von Interventionen hinausläuft, sind hier auch Handlungsregeln bzw. -anweisungen relevant. Nach Überwindung des Kaskaden-Modells ist allerdings von Denkpfaden in beiden Richtungen auszugehen. Das impliziert z. B. auch die Einbeziehung handlungstheoretischer Modellierungen, denen im Bereich epistemischer Forschung die Überwindung einer rein aktualitätsdominierten Metaphern-Heuristik entspricht – eine Heuristik, die lediglich auf die in der technischen Entwicklung gerade aktuellen Errungenschaften zurückgreift (vgl. Leary, 1990): vom Dampfkessel (Motivation) über das Radio (Kommunikation) bis zum Computer (Kognition, Intelligenz). Das würde den Handlungsnotwendigkeiten praktischer Problembereiche näher kommen, ohne dass damit eine unzulässige Reduktion auf alltagstheoretische Handlungsinterpretationen verbunden sein soll. Einer solchen Reduktion steht auf jedem Fall die (systemtheoretische) Berücksichtigung überindividueller Gegenstandseinheiten (z. B. in der Pädagogischen Psychologie: Schulklasse, Schule, *peer group*, Schicht etc.) entgegen, das heißt die Verbindung von methodologischem Individualismus und Kollektivismus/Holismus (mit entsprechenden Konsequenzen für adäquate Auswertungsmodelle, vgl. Groeben, 1999). Das heißt, auch in der epistemischen Forschung sollte die gesamte Bandbreite psychologischer Forschungskonzeptionen und -traditionen von der neuro- über die kognitionswissenschaftliche bis zur handlungs- und systemtheoretischen Modellierung aufrecht erhalten werden.

Bei der Versuchsplanung (Phase 4) und den einzusetzenden Erhebungsmethoden ist gerade die praktische Forschung (,im Feld') durch die Verbindung von so genannten quantitativen und qualitativen Ansätzen gekennzeichnet, die zu einem erheblichen Teil an und für praktische/r Forschung entwickelt worden sind (vgl. quasi-experimentelle Designs, teilnehmende Beobachtung, Inhaltsanalyse etc.). Ein solcher integrativer Methodenpluralismus wird auch im epistemischen Bereich durch die wissenschaftshistorischen Analysen gestützt, in denen verschiedene Denkstile einschließlich der damit verbundenen ,Konstruktion von Tatsachen' herausgearbeitet worden sind (von Fleck, 1935/80, bis Knorr-Cetina, 1984). Diese Analysen machen überdies deutlich, dass in unterschiedlichen Erklärungstraditionen (der Psychologie) in der Regel auch differierende ontologische, anthropologische Implikationen enthalten sind, die sich als unterschiedliche Erklärungstypen benennen lassen (Groeben, 1999: z. B. bei der linguistischen Erklärung von Versprechern die Suche nach grammatikalischen oder semantischen Verwechslungen, bei der psychoanalytischen Erklärung der – unverzichtbare – Rückgang auf unbewusste Motivation).

Zu dem integrativen methodischen Pluralismus der praktischen Forschung gehört in der Phase der statistischen Auswertung (Phase 5) auch die Einbeziehung prozessbezogener Auswertungsmodelle wie z. B. Zeitreihenanalyse, Funktionale Datenanalyse und Mehrebenen-Analyse (Ramsay & Silverman, 2002, 2005). Dabei werden die Verlaufskurven pro Person bzw. Samples von Verlaufskurven berücksichtigt und aufgearbeitet, was ein Abgehen vom Ideal der punkt-linearen Vorhersage impliziert (Alisch & Robitzsch, 2004), zugleich verbunden mit der Datenanalyse auf verschiedenen Komplexitätsebenen (s. o. methodologischer Kollektivismus), die bei praktischer Forschung fast durchwegs eine Rolle spielen. Solche prozessbezogenen

Auswertungsmodelle stellen ein prototypisches Beispiel für das Innovationspotenzial dar, das von praktischer auch für epistemische Forschung ausgeht (Boker, 2002). Dieser Dynamik entspricht im epistemischen Bereich die Rekonstruktion unterschiedlicher Erklärungsstrukturen, bei denen z. B. in der Unterscheidung von *structuring and triggering causes* (Cummins, 1983; Dretske, 1988) genau diese Prozessorientierung (als Ergänzung der Warum-Erklärung durch die Wie-Erklärung) elaboriert ist (Groeben, 1999). Hier kann die Zusammenschau von praktischer und epistemischer Forschung die präzisere Zusammenführung von Erklärungsstrukturen und Auswertungsmodellen bieten, die bisher weitgehend getrennte metatheoretische Modellierungsebenen darstellen.

In der praktischen Forschung betrifft die Geltungsprüfung (Phase 6) dann insgesamt primär die Effektivität (von Interventionen etc.), bei der es nicht nur um die Sicherheit (Replizierbarkeit) relevanter Effekte, sondern auch um deren Robustheit geht, das heißt z. B. gerade die ‚Durchsetzung' gegen (vorhandene, nicht eliminierte) Störvariablen etc. In Relation zur epistemischen Forschung ist hier – auf beiden Seiten – ein Problembewusstsein angezeigt, dass es u. U. je spezifische methodologische Mängel-Allergien gibt (so auch Wottawa & Thierau, 2003), die es zu relativieren und nicht gegeneinander auszuspielen gilt (z. B. in Bezug auf Stichproben-Mängel als Verallgemeinerungshindernis oder die Abwertung von Replikationsstudien als Sicherung der Geltungsrobustheit).

Der stichwortartige Überblick verdeutlicht, dass auf höchstem Abstraktionsniveau die Ziel- und damit auch Bewertungskriterien von praktischer und epistemischer Forschung sehr wohl Parallelitäten aufweisen. Ganz generell gesprochen wird die Qualität eines Forschungsvorhabens durch seine gute theoretische Fundierung und die sorgfältig darauf abgestimmten Forschungsmethoden bestimmt. Es bleibt allerdings die Frage, was dies auf mittlerem Abstraktionsniveau – z. B. unter der Perspektive methodischer Strenge – im Speziellen bedeutet. So ist unter theoretischer Fundierung in der Regel auch eine gewisse theoretische Innovation zu verstehen, die nicht darin bestehen kann, lediglich bekannte Ergebnismuster für spezielle Personengruppen zu sichern (Bsp. ‚Stress bei Kranführern'), wie dies von manchen Forschungsnutzern gern gesehen würde. Auf der anderen Seite sind – wie skizziert – die bei Forschung ‚im Feld' unvermeidbar komplexeren Untersuchungsanlagen kombinierbar mit aufwändigeren, differenzierteren Auswertungsmodellen, die insgesamt zu einer approximativen Integration von Erkenntnis- und Nutzeninteresse führen (können).

Für die Begutachtung praktischer Forschung ist also keineswegs ein Defizit-Modell (in Relation zur epistemischen Forschung) anzusetzen, sondern höchstens ein Differenz-Modell zu spezifizieren. Dabei sind prinzipiell zwei mögliche Unterschiede zu elaborieren: spezifische Schwerpunktsetzungen und spezielle Realisationsvarianten (von metatheoretischen Zielkriterien). Der auffälligste Aspekt differenzieller Schwerpunktsetzung stellt sicherlich die Verwertungsperspektive dar, die bei praktischer Forschung vom Ansatz her ein größeres Gewicht haben muss als bei epistemischer Forschung. Aber auch hier gibt es metatheoretische Überlappungen bzw. Anregungen/Fundierungen in beide Richtungen (vgl. Tab. 2).

Tabelle 2: Außendifferenzierung von Verwertungsaspekten in praktischer und epistemischer Forschung

Praktische Forschung	Epistemische Forschung

• (Normative) Rechtfertigung
  – Dynamik des Problems ohne Intervention
  – Relation Interventionsziel zu gesellschaftlichen Zielen/Werten
	• Relativierung des Werturteilsfreiheits-Postulats; Werturteilsbegründung durch Ziel-Mittel-Argumentation etc.
	• Problembewusstsein bezüglich sozialhistorisch relativer Gewichtung von Zielkriterien; ‚hidden *curriculum*' des Forschungsbetriebs

• Kosten-Nutzen-Analyse (Geltungsbreite, -grenzen, Effizienz)	• Rekonstruktion Gegenstandssystematik – Theoriensystematik; Ziel: integrativer Pluralismus
• Akzeptanz-Kalkulation und Implementationsforschung	• Kritik der Kontra-Intuitivität als heimliches Zentralkriterium; Ko-Intuitivität, Selbstbildkohärenz, Anregungs- und Transformationsgehalt.

Die ‚Praxisrelevanz' von Forschung ist in mehrere Teilaspekte auszudifferenzieren. Dazu gehört zunächst die (normative) Rechtfertigung, in der die Dynamik des Problems (ohne Intervention) zu skizzieren ist; daraus ergeben sich Hinweise auf die (zeitliche) Dringlichkeit der entsprechenden praktischen Forschung und die Schwere der mit dieser Forschung zu vermeidenden negativen Entwicklungen (vgl. Montada, 1984). Die normative Begründung des gegen solche Negativentwicklungen in Stellung gebrachten Interventionsziels speist sich vor allem aus der Relation zu gesellschaftlich anerkannten Zielen/Werten. Für solche Rechtfertigungsargumentationen sind entsprechende metatheoretische Argumentationsmodelle wie z. B. die Werturteilsbegründung anhand von Ziel-Mittel-Argumentationen hilfreich und zielführend, was die prinzipielle Relativierung des Werturteilsfreiheits-Postulats auch für epistemische Forschung mit umfasst (Groeben, 1999). Dabei stellt diese Relativierung nur einen Aspekt des übgreifenden Problembewusstseins bezüglich der sozialhistorisch relativen Gewichtung von Zielkriterien dar. Für diese sozialhistorische Relativität ist die Zielidee der Praxis- oder ‚gesellschaftlichen Relevanz' ein prototypisches Beispiel, das allein in den letzten dreißig Jahren des 20. Jahrhunderts dramatische Schwankungen erfahren hat (von der Hochschätzung im Zusammenhang mit der 68er-Diskussion über die (Selbst-)Desavouierung als neomarxistisches Dogma bis zur berufspolitischen Rekonstituierung z. B. in Wirtschaftspsychologie etc.). Zu einem solchen Problembewusstsein gehört auf lange Sicht u. U. auch eine Problematisierung des *hidden curriculum* des Forschungsbetriebs, z. B. in Bezug auf die Internationalisierung primär als konkurrenzorientierte Durchsetzungsfähigkeit, die auf Systemebene zu ethischen Gefährdungen führen kann (von Geleitzugs-Strukturen bis zum Extrem der Datenfälschung; vgl. Finetti & Himmelrath, 1999).

    Der zweite bewertungsbezogene Differenzierungsaspekt ist die Kosten-Nutzen-Analyse von praktischer Forschung, mit der aufbauend auf der Effektivität auch die Effizienz zu thematisieren ist. Dabei geht es unter dem Nutzenaspekt nicht zuletzt um die Geltungsbreite bzw. Geltungsgrenzen der angezielten Problemlösungsdynamik, z. B. in Bezug auf bestimmte Zeitfenster (der postulierten/untersuchten Verlaufskurven), auf Wechselwirkungen zwischen unbeeinflussbaren Rahmenbedingungen und Interventionsvariablen (in der Pädagogischen Psychologie z. B. *aptitude-treatment-interaction*) etc. Im Bereich der epistemischen Forschung entspricht dem (und unterstützt einschlägige Effizienzabschätzungen) die Zusammenführung von Gegenstands- und Theoriensystematik, die sich in der Ausarbeitung von Konzepten wie Schichtenontologie, Emergenz, Theoriensequenzierung etc. manifestiert (Groeben, 1999, 2003). Das damit verfolgte Ziel eines integrativen Theorien- und Methodenpluralismus kommt seinerseits sowohl dem Fortschritt von praktischer wie epistemischer Forschung zu Gute.

Schließlich ist ein Spezifikum praktischer Forschung, dass für sie auch die Frage essenziell ist, ob und ggf. wie ihre Ergebnisse von ,der Gesellschaft' angenommen und umgesetzt werden. Eine entsprechende Akzeptanz-Kalkulation darf naturgemäß Forschung nicht auf die Überzeugungen des Adressatenkreises zurückschneiden; aber die Berücksichtigung von Akzeptanzproblemen kann und sollte zu besseren Implementationsmodellen führen, die letztlich auch in entsprechender (wiederum praktischer) Forschung auf ihre Brauchbarkeit zu überprüfen sind. Im Bereich der epistemischen Forschung besteht eine analoge Perspektive in der Frage, ob sich durch den Innovationsdruck die Kontra-Intuitivität von Forschungsergebnissen unter Umständen als heimliches Zentralkriterium für wissenschaftlichen Fortschritt etabliert hat.

Im Prinzip lässt sich die Kontraintuitivität als (implizite) Zielidee für alle Theorietraditionen und Forschungsgebiete sowie -phasen nachweisen (vgl. Erb, 1997). Das gilt für die optischen Täuschungen in der Gestalttheorie wie für die Exklusion internal-kognitiver Variablen in der behavioristischen Lerntheorie. Es reicht von der James-Lange-Position zur Emotionsgenese (,Wir sind traurig, weil wir weinen.') über Festingers These des paradoxalen Überzeugungseffekts bei externer Verstärkung überzeugungskonträren Verhaltens bis zu so grundlegenden Fragen wie der Willens-(un-)freiheit im Lichte neuropsychologischer Daten (Libet). Es betrifft die überzogen positiven Vorhersagen zur (kognitiven) Leistungsfähigkeit von Computern ebenso wie die (negative) Kritik der menschlichen (Ir-)Rationalität innerhalb der (frühen) Entscheidungstheorie (,kognitive Täuschungen': vgl. Hell, Fiedler, Gigerenzer, 1993). Dabei hat die Forschung längerfristig viele dieser kontraintuitiven Thesen als invalide revidiert: von der Relevanz kognitiver Variablen nicht nur für das Lernen (,Kognitive Wende') bis zur Konzeption einer sozialen qua situationsspezifischen Rationalität (als Überwindung ,kognitiver Täuschungen': Schreier, 2003) etc. Das Gewicht und die potenzielle Problematik des impliziten Zielkriteriums Kontraintuitivität lassen sich insgesamt also erst durch historische Analysen entsprechender (Hypo-)Thesen und ihrer empirischen Bewährung oder Revision valide abschätzen.

Konstruktiv gewendet ist ganz grundsätzlich herauszuarbeiten, wie die Relation von Kontra- und Ko-Intuitivität (qua Selbstbildkohärenz) zu modellieren ist, das heißt unter anderem auch, wie ein optimaler wissenschaftsinterner und -externer Anregungs- und Transformationsgehalt von Forschung erreicht werden kann.

Auch für die Verwertungsperspektive macht die skizzierte Verschränkung von Zielkriterien der praktischen und der epistemischen Forschung deutlich, dass es nicht sinnvoll wäre, ,Praxisrelevanz' lediglich als Zusatzkriterium zu den üblichen ,wissen-

schaftlichen' Kriterien (der epistemischen Forschung) aufzufassen. Die Verwertungsperspektive ist prinzipiell für jede Forschung sinnvoll, allerdings sollte sie naturgemäß bei praktischer Forschung einen Schwerpunkt bilden, der mit einem höheren
Auflösungsgrad ausdifferenziert wird. Neben dieser Schwerpunktsetzung gibt es
aber auch für die Verwertungsperspektive potenzielle Realisationsunterschiede (zwischen praktischer und epistemischer Forschung), insbesondere in Bezug auf die Kommunikation von Forschungsergebnissen. Hier ist zunächst wie bei epistemischer Forschung auch die Publikation in internationalen *peer reviewed* Zeitschriften angezeigt
(eventuell mit Beschränkungen dort, wo es sich um regional spezifische Probleme,
Strukturen, Dynamiken etc. handelt); darüber hinaus aber ist für praktische Forschung auch die Kommunikation in die Praxis hinein essenziell, die es in die Konzeption und Begutachtung praktischer Forschungs-Projekte einzubeziehen gilt.

Neben diesen verwertungsspezifischen Schwerpunktsetzungen und Realisationsvarianten von Ziel- und Begutachtungskriterien praktischer Forschung stellt
aber der Anspruch, die Umsetzung praktischer Forschungsergebnisse in der Alltagsrealität selbst wiederum empirisch zu überprüfen, eine (potenzielle) Erweiterung dar.
Implementationsforschung als konstitutiver (letzter) Teilschritt von praktischer Forschung geht zwar nicht von den ,Wissenschaftskriterien', wohl aber vom Typus der
problemdefinierenden Fragestellungen her über epistemische Forschung hinaus.

3 Fazit: Optimierungspotenziale aus wissenschaftstheoretischer Sicht

Entsprechend der skizzierten Verschränkung und Rückkopplung zwischen epistemischer und praktischer Forschung sowie deren Bewertungskriterien gibt es aus wis-
senschaftstheoretischer Perspektive für beide Optimierungspotenziale, und zwar be-
zogen auf die Evaluationskriterien wie auf die Qualität der Forschung, die durch die
Anwendung dieser Kriterien auf Dauer auch entsprechend gesteigert werden sollte.
Es handelt sich, ausgehend vom derzeitigen unterstellten Modalzustand der For-
schungsevaluation, vor allem um folgende Potenziale:

3.1 Optimierungspotenzial für praktische Forschung

Hier beziehen sich die möglichen Verbesserungen vor allem auf Kriterienerweiterun-
gen unter der Perspektive externer Validität und Verwertung sowie auf spezifische
Akzentuierungen klassischer Methodenstandards.

– Im Bereich der Theorieeinbettung (Heuristik sowie -elaboration) sollte bei praktischer Forschung eine explizite Verbindung von Theorieheuristik und Alltagserfahrung als Grundlage für eine gleichgewichtige Berücksichtigung von interner und
  externer Validität angestrebt werden. Ein solches Gleichgewicht impliziert auch
  für praktische Forschung ein Mindestmaß an theoretischer Innovation, nicht lediglich die Übertragung bereits bewährter (Teil-)Theorien auf neue Praxisbereiche.

Damit ist der praktischen Forschung eine starke Dynamik zur Theorieintegration als Überwindung überdifferenzierter Minitheorien oder -hypothesen inhärent.

– Die gleiche Dynamik führt auf der Ebene der Untersuchungsplanung, Konstrukt-operationalisierung und Erhebungsmethoden dazu, dass für praktische Forschung vor allem molare Komplexe von Einflussfaktoren, wie sie für die Alltagsrealität repräsentativ sind, zentrale Bedeutung besitzen, d. h. dass nicht im selben Auflösungsgrad wie bei der epistemischen Forschung die (experimentelle) Gegeneinandervariation von Variablen konstitutiv ist. Das impliziert ein Schwergewicht auf quasi- bzw. nicht-experimentellen Untersuchungsanlagen, die mit einer Einbeziehung qualitativer Erhebungsverfahren Hand in Hand gehen; die situationsbezogene Kontextualisierung und Konstruktexplikation sowie -operationalisierung manifestieren sich in der (begründeten) Umsetzung objekttheoretischer Annahmen bis in konkrete interventionsorientierte Handlungsanweisungen hinein.

– Der dadurch zustande kommenden Komplexität des Datenmaterials müssen die statistischen Auswertungsmodelle entsprechen, die in der praktischen Forschung vor allem auch die unvermeidlichen Dimensionen der zeitlichen Veränderung und der Vernetzung von Mikro-, Meso- und Makro-Strukturen berücksichtigen müssen (z. B. durch funktionale Datenanalyse sowie Mehrebenenanalysen).

– Auf der Ebene der Geltungsprüfung geht es bei der praktischen Forschung vor allem um die Effektivität z. B. von Interventionen, d. h. die Replizierbarkeit relevanter Effekte einschließlich deren Stärke auch im Geflecht nicht eliminierbarer Störvariablen (im Sinne der externen Validität). Neben der Effektivität ist im praktischen Kontext auch die Effizienz ein Bewertungskriterium, d. h. die Kosten-Nutzen-Relation unter Bezug auf die Geltungsbreite der erzielten Ergebnismuster.

– Einen spezifischen Differenzierungsgrad sollte bei praktischer Forschung die Verwertungsperspektive erreichen, d. h. zunächst die Rechtfertigung der Problemstellung, in der die (negative) Dynamik des Problems ohne (Forschungs-)Intervention zu explizieren ist, sowie die Vernetzung des Interventionsziels mit übergeordneten gesellschaftlichen Werten etc. Diese Rechtfertigung ist zu ergänzen durch eine Akzeptanz-Abschätzung, ohne dass damit die wissenschaftliche Problemperspektive unzulässig an die Reflexionsbeschränkungen der Alltagspraxis angeglichen werden sollte. Allerdings ergibt sich ggf. als letzter Schritt praktischer Forschung das Problem, wie Ergebnisse und Konsequenzen dieser Forschung in die Alltagsrealität implementiert werden können, weswegen Implementationsforschung eine sinnvolle und notwendige Teilmenge praktischer Forschung darstellt.

3.2 Optimierungspotenzial für epistemische Forschung

Hier beziehen sich die möglichen Verbesserungen vor allem auf flexible Realisationsvarianten klassischer Methodenstandards im Sinne eines integrativen Theorienpluralismus.

– Im Bereich der Theorieeinbettung (Heuristik sowie -elaboration) sollten der durch die Experimentalmethodik implizierten Dynamik zu immer spezifischeren Mini-Theorien (durch Aufspaltung von UVn bzw. eine Transformation von Methoden in Theorien – ‚*tools to theories'*) Ansätze zur Rekonstruktion und Elaboration übergreifender Theoriemodelle gegenübergestellt werden (z. B. eher induktiv durch metaanalytische Integration sowie eher deduktiv durch Begriffssynthesen, Auflösung unechter Theoriekonkurrenzen etc.).

- Auf der Ebene der Untersuchungsplanung, Konstruktoperationalisierung und Erhebungsmethoden folgt aus dem integrativen Theorienpluralismus eine möglichst große Bandbreite von (zu fördernden) Forschungstraditionen: handlungstheoretische wie systemtheoretische Modellierung, methodologischer Individualismus wie Kollektivismus/Holismus, auf die materialen Grundlagen ausgerichtete neuro- und kognitionswissenschaftliche wie auf die (soziale) Sinndimension ausgerichtete sozial- und kulturwissenschaftliche Konzeptionen einschließlich unterschiedlicher Denk- und Arbeitsstile vom individuellen Außenseitertum bis zur Team-kooperativen Big Science.

- Auf der Ebene der Integration von Untersuchungsplanung und Datenauswertung manifestiert sich der integrative Theorienpluralismus nicht zuletzt in der Bandbreite unterschiedlicher Erklärungsstrukturen (neben der klassischen Warum-Erklärung auch die Wie-Erklärung, unvollständige (z. B. narrative) Erklärungen etc.), kombiniert mit z. T. höchst unterschiedlichen ontologischen und anthropologischen Implikationen in verschiedenen Erklärungstypen (z. B. der neurophysiologischen Grundlage bildgebender Verfahren bis zu Indikatoren unbewusster Motivation in der Psychoanalyse).

- Die Ebenen der Geltungsprüfung und der Erkenntnisverwertung sind in der epistemischen Forschung zumeist in *einer* Phase komprimiert, in der ein integrativer Theorienpluralismus vor allem durch wissenschaftspsychologisches und -soziologisches Problembewusstsein befördert wird. Das betrifft zum einen die Überwindung von methodologischen Mängelallergien (nicht nur gegenüber der praktischen Forschung, sondern auch innerhalb unterschiedlicher Traditionen der epistemischen Forschung), zum anderen ein kritisches Bewusstsein hinsichtlich des Konkurrenz- und Publikationsdrucks, der die Wahrscheinlichkeit ethischen Fehlverhaltens in der Forschung erhöht; außerdem ein historisches Bewusstsein davon, dass kontraintuitive Positionen in der Psychologie im Laufe der empirischen Forschung nur partiell aufrecht erhalten werden konnten, weswegen auch ko-intuitive Fragestellungen ihren legitimen Platz erhalten sollten; letzteres impliziert nicht zuletzt eine Reflexion des Anregungs- und Transformationsgehalts für das gesellschaftliche Bewusstsein auch in epistemischer Forschung.

Literatur

Alisch, L.-M. & Robitzsch, A. (2004). Zur Methodologie dynamischer Modellierung in der Sozialpsychologie. In: E. H. Witte (Hrsg.), *Methodologische, methodische und historische Entwicklungen in der Sozialpsychologie* (149–182). Lengerich: Pabst.

Bender, G. (Hrsg.). (2001). *Neue Formen der Wissenserzeugung.* Frankfurt/Main: Campus.

Boker, S. M. (2002). Consequences of Continuity: The Hunt for Intrinsic Properties Within Parameters of Dynamics in Psychological Processes. In: *Multivariate Behavioral Research, 37* (3), 405–422.

Bungard, W., Schultz-Gambard, J. & Antoni, C. (1988). Zur Methodik der Angewandten Psychologie. In: D. Frey, C. Graf Hoyos & D. Stahlberg (Hrsg.), *Angewandte Psychologie* (588–606). München: Psychologie Verlags Union.

Bunge, M. (1967). *Scientific Research II: The Search for Truth.* Berlin: Springer.

Carrier, M. (2004). Interessen als Erkenntnisgrenzen? Die Wissenschaft unter Verwertungsdruck. In: W. Hogrebe & J. Bromand (Hrsg.), *Grenzen und Grenzüberschreitungen* (168–180). Berlin: Akademie Verlag.

Cummins, R. (1983). *The Nature of Psychological Explanation.* Cambridge, MA: MIT Press.

Daele, W. van den, Krohn, W. & Weingart, P. (1977). The Political Direction of Scientific Development. In: E. Mendelsohn, P. Weingart & R. Whitley (Eds.), *The Social Production of Scientific Knowledge* (219–242). Dordrecht-Holland: Reidel.

Deutsche Forschungsgemeinschaft. (2002). *Perspektiven der Forschung und ihrer Förderung: Aufgaben und Finanzierung 2002–2006.* Weinheim: Wiley-VCH.

Dretske, F. (1988). *Explaining Behavior. Reasons in a World of Causes.* Cambridge, MA: MIT Press.

Erb, E. (1997). Gegenstands- und Problemkonstituierung: Subjekt-Modelle (in) der Psychologie. In: N. Groeben (Hrsg.), *Zur Programmatik einer sozialwissenschaftlichen Psychologie: Band I Metatheoretische Perspektiven, 1. Halbband* (139–239). Münster: Aschendorff.

Finetti, M. & Himmelrath, A. (1999). *Der Sündenfall: Betrug und Fälschung in der deutschen Wissenschaft.* Stuttgart: Raabe.

Fleck, L. (1980). *Entstehung und Entwicklung einer wissenschaftlichen Tatsache.* Frankfurt/Main: Suhrkamp.

Gibbons, M. (Ed.). (1994). *The New Production of Knowledge.* London: Sage.

Gigerenzer, G. (1989). The Tools-To-Theories Hypothesis: On the Art of Theory Construction in Cognitive Psychology. In: J. A. Keats, R. Taft, R. A. Heath & S. H. Lovibond (Eds.), *Mathematical and Theoretical Systems* (163–171). Amsterdam: North-Holland.

Gigerenzer, G. (1991). From Tools to Theories: A Heuristic of Discovery in Cognitive Psychology. *Psychological Review 98* (2), 254–267.

Groeben, N. (1999). Die metatheoretischen Merkmale einer sozialwissenschaftlichen Psychologie. In: N. Groeben (Hrsg.), *Zur Programmatik einer sozialwissenschaftlichen Psychologie: Band I Metatheoretische Perspektiven, 2. Halbband* (311–404). Münster: Aschendorff.

Groeben, N. (2003). Problemaufriss einer Theoretischen Psychologie. In: N. Groeben (Hrsg.), *Zur Programmatik einer sozialwissenschaftlichen Psychologie: Band II Objekttheoretische Perspektiven, 2. Halbband* (317–421). Münster: Aschendorff.

Hell, W., Fiedler, K. & Gigerenzer, G. (Hrsg.). (1993). *Kognitive Täuschungen: Fehl-Leistungen und Mechanismen des Urteilens, Denkens und Erinnerns.* Heidelberg: Spektrum.

Herrmann, D. J. (1998). The Relationship Between Basic Research and Applied Research in Memory and Cognition. In: C. P. Thompson et al. (Eds.), *Autobiographical Memory: Theoretical and Applied Perspectives* (13–27). Mahwah, NJ: Erlbaum.

Herrmann, D. J., Raybeck, D. & Gruneberg, M. (1997). *A Clash of Scientific Cultures: The Conflict Between Basic and Applied Research.* Terre Haute, IN: Indiana State University Press.

Jaeger, S. (1989). Models of the Relationship Between Theoretical and Applied Psychology in Germany. In: J. A. Keats, R. Taft, R. A. Heath & S. H. Lovibond (Eds.), *Mathematical and Theoretical Systems* (315–323). Amsterdam: North-Holland.

Knorr-Cetina, K. (1984). *Die Fabrikation von Erkenntnis: Zur Anthropologie der Naturwissenschaft.* Frankfurt/Main: Suhrkamp.

Leary, D. E. (Ed.). (1990). *Metaphors in the History of Psychology.* Cambridge: University Press.

McGrath, J. E. & Brinberg, D. (1984). Alternative Paths for Research: Another View of the Basic Versus Applied Distinction. *Applied Social Psychology Annual 5*, 109–129.

Montada, L. (1984). Applied Developmental Psychology: Tasks, Problems, Perspectives. *International Journal of Behavioral Development 7*, 267–286.

Nafstad, H. E. (1982). Applied versus Basic Social Research: A Question of Amplified Complexity. *Acta Sociologica 25* (3), 259–267.

Opp, K.-D. (1970). *Methodologie der Sozialwissenschaften.* Reinbek: Rowohlt.

Ramsay, J.O. & Silverman, B. W. (2002). *Applied FDA.* New York: Springer.

Ramsay, J.O. & Silverman, B. W. (2005). *Functional Data Analysis.* New York: Springer.

Schönpflug, W. (1993). Applied Psychology: Newcomer with a Long Tradition. *Applied Psychology: An International Review 42* (1), 5–30.

Schreier, M. (2003). Rationalität: Individuelle ‚schmale‘ und soziale ‚breite‘ Rationalität. In:

N. Groeben (Hrsg.), *Zur Programmatik einer sozialwissenschaftlichen Psychologie: Band II Objekttheoretische Perspektiven, 2. Halbband* (107–323). Münster: Aschendorff.

Westermann, R. (2000). *Wissenschaftstheorie und Experimentalmethodik.* Göttingen: Hogrefe.

Westmeyer, H. (1979). Die rationale Rekonstruktion einiger Aspekte psychologischer Praxis. In: H. Albert & K. H. Stapf (Hrsg.), *Theorie und Erfahrung. Beiträge zur Grundlagenproblematik der Sozialwissenschaften* (139–161). Stuttgart: Klett-Cotta.

Westmeyer, H. (1987). Möglichkeiten und Begründung therapeutischer Entscheidungen. In: F. Caspar (Hrsg.), *Problemanalyse in der Psychotherapie* (20–31). Tübingen: DGVT.

Wottawa, H. & Thierau, H. (2003). *Lehrbuch Evaluation* (3. Aufl.). Bern: Huber.

Anhang

Prejudices Basic and Applied Researchers Hold About Each Other

Concerning the Importance of Research
Basic researchers sometimes regard their research as the more important because it deals with fundamental knowledge.
Applied researchers sometimes regard their research as the more important because it provides society with knowledge it can use.

Concerning Competence
Basic researchers sometimes believe that applied researchers are less competent at conducting research because applied research is less controlled than basic research.
Applied researchers sometimes believe that basic researchers are less competent at conducting research because drawing inferences from controlled research is much easier than drawing inferences form observational research.

Concerning Accountability
Basic researchers sometimes feel that applied researchers are irresponsible in that they do not try to apply basic research.
Applied researchers sometimes feel that basic researchers are irresponsible because no one holds them accountable for the quality of their basic research.

Concerning Ethics
Basic researchers sometimes regard applied researchers as unethical for accepting pay for doing research that others want done.
Applied researchers sometimes feel that basic researchers are corrupted by the incentives of grants and royalties for publishing.

Concerning Personal Standards
Basic researchers sometimes believe that applied researchers have low standards because they have chosen a career that involves dealing with the public.
Applied researchers often believe that basic researchers are snobs because they refuse to deal with the public.

Concerning Intelligence
Basic researchers sometimes brag that they are brighter than applied researchers because their research is tighter and theoretically richer than applied research.
Applied researchers sometimes brag that they are brighter because they are engaged in work that truly affects the world.

[Aus: Herrmann, D. J. (1998). The relationship between basic research and applied research in memory and cognition. In: C. P. Thompson, D. J. Herrmann, D. Bruce, J. D. Read, D. O. Payne & M. P. Toglia (Eds.), *Autobiographical memory. Theoretical and applied perspectives* (pp. 13–27). Mahwah, N. J., u.a.: Erlbaum.]

Pasteurs Quadrant und die Diskussion in den USA um die Verbesserung des praktischen Nutzens der Bildungsforschung

Frank Fischer und Christof Wecker

Vor allem in den USA findet derzeit eine intensive Kontroverse statt, die vom ,*Strategic Plan* für die Jahre 2002 bis 2007' des U.S. Department of Education (2002) ihren Ausgang nahm. Die Kontroverse entzündete sich an der Tendenz dieses Papiers, über die Zuweisung von Fördermitteln politischen Einfluss auf Entscheidungen über den Einsatz bestimmter Forschungsmethoden zu nehmen (vgl. dazu Fischer, Waibel & Wecker, 2005, S. 429 f.): Als Methode der Wahl für den Nachweis kausaler Effekte wurden dabei ,*randomized experimental designs*' (also ,Klinische Studien') betrachtet, deren Mindestanteil an den vom Department of Education geförderten Projekten in kurzer Zeit immens gesteigert werden sollte (von ca. 5 % im Jahr 2002 innerhalb von drei Jahren auf ein Niveau von 75 % bis 2007; U. S. Department of Education, 2002, S. 61).

Als Begründung für diese Schwerpunktsetzung wurde angeführt, dass es zur Lösung der genannten Probleme erforderlich sei, bestimmte der vorhandenen und bewährten Methoden wissenschaftlicher Forschung konsequenter und strenger anzuwenden, damit schrittweise ein Fundus an gesicherten wissenschaftlichen Erkenntnissen aufgebaut werden könne, die als Grundlage für die Gestaltung von pädagogischen Programmen zur Lösung praktischer Probleme dienen können (U. S. Department of Education, 2002, S. 59). Diese Festsetzung der Methodologie für zukünftig vom Ministerium geförderte Forschung auf ,*randomized trials*' hat auch experimentell orientierte Forscher aus der Pädagogischen Psychologie überrascht, denn man hatte allenfalls einen Zwischenschritt im Sinne quasi-experimenteller Designs erwartet (Slavin, 2002). Viele Forscher, vor allem diejenigen, die nicht mit quantitativ-experimentellen Zugängen arbeiten, betrachten die Maßnahme als Angriff auf ihre Existenzgrundlage. Auch die zumindest teilweise forschungsmethodisch quantitativ orientierte Vereinigung der amerikanischen Empirischen Pädagogen, die „American Educational Research Association" (AERA), in der viele Pädagogische Psychologen organisiert sind, hat sich vehement gegen diesen Eingriff der Politik in die Forschungsmethode gewandt (AERA, 2003, S. 44).

Diese Debatte verdeutlicht, dass bei finanziellen Restriktionen förderpolitische Weichenstellungen erfolgen können, von denen man sich den bestmöglichen Ertrag an anwendungsrelevanten Ergebnissen aus der Forschung erhofft. Dabei kann der ,*Strategic Plan*' als Teil einer seit Jahren intensiv geführten Diskussion zum Verhältnis von Grundlagen- und Anwendungsforschung betrachtet werden, die insbeson-

dere bezüglich der Forschung im Bildungsbereich nicht zuletzt durch Unzufrieden-
heit sowohl mit der Theoriebildung als auch mit der Relevanz der Forschungsergebnisse für und dem Einfluss auf Praxisfelder motiviert ist.

Einen wichtigen Ausgangspunkt für den nachfolgenden Text bilden dabei Überlegungen von Donald E. Stokes. 1997 veröffentlichte der inzwischen verstorbene Poli-
tikwissenschaftler ein Werk mit dem Titel *Pasteur's Quadrant – Basic Science and
Technological Innovation*, in dem er die herrschende Auffassung des Verhältnisses
von Grundlagen- und Anwendungsforschung einer radikalen Kritik unterzieht und
neben überwiegend erkenntnis- bzw. überwiegend nutzenorientierten Forschungsansätzen mit der ,nutzenorientierten Grundlagenforschung' zusätzlich einen For-
schungszugang propagiert, bei dem Erkenntnisgewinnung und Erzeugung von Nutzen in jeweils hoher Ausprägung mit einander kombiniert werden sollen. Anschlie-
ßend wird die Design-Forschung als Beispiel für einen Umsetzungsversuch nutzenorientierter Grundlagenforschung im Bildungsbereich beschrieben und erörtert, bevor
methodologische Maßstäbe und Standards behandelt werden, wie sie in den USA im
Anschluss an einen Bericht des National Research Council (NRC) diskutiert werden
und auch für die Design-Forschung zu gelten haben. Abschließend sollen weitere
Implikationen der Umsetzung nutzenorientierter Grundlagenforschung beleuchtet
werden.

1 Pasteurs Quadrant

Wie bereits angedeutet, entwickelt Stokes ausgehend von einer grundlegenden Kritik am traditionellen Verständnis des Verhältnisses von Grundlagen- und Anwendungsforschung die Idee einer ,nutzenorientierten Grundlagenforschung' (vgl. Fischer, Waibel & Wecker, 2005, S. 431–433): Traditionell wurden der Darstellung von
Stokes zufolge Grundlagen- und Anwendungsforschung als entgegengesetzte Pole
auf einem Kontinuum betrachtet, zwischen denen sich einzelne Forschungsvorhaben
je nach ihrer Orientierung am Ziel der Erkenntnisgewinnung oder am praktischen
Nutzen einordnen lassen. Eine Annäherung an einen der beiden Pole geht dieser Be-
trachtungsweise zufolge automatisch mit einem größeren Abstand vom anderen Pol
einher (vgl. Stokes, 1997, S. 9 f.).

Diese Auffassung geht nach Stokes' Angaben auf Vannevar Bush zurück, der in
den Jahren nach dem Zweiten Weltkrieg die wissenschaftspolitische Entwicklung in
den USA entscheidend mitbestimmte. Während des zweiten Weltkriegs war Bush Di-
rektor des ,Office of Scientific Research and Development', dem in diesen Jahren
kriegsbedingt ein großes Ausmaß an Förderung zuteil wurde und das dadurch einen
umfangreichen Beitrag zur amerikanischen Kriegsführung leisten konnte. Nach dem
Krieg sah Bush es als seine Aufgabe an, dieses Fördervolumen für Friedenszeiten zu
bewahren. Gleichzeitig versuchte er, mehr wissenschaftliche Freiheit als zu Kriegs-
zeiten zu gewinnen. Dazu war jedoch eine neue Legitimation notwendig. In einem
Gutachten schlug er daher die Leitidee einer Grundlagenforschung vor, die fern aller
Vorgaben und konkreten Anwendungsziele ihrer Kreativität freien Lauf lassen sollte,
da so die größten Fortschritte zu erwarten seien, die sich zugleich in technischem

Fortschritt in der Anwendung niederschlagen würden (Stokes, 1997, S. 2f., 46–50, bes. 49f.).

Diese Auffassung setzte sich in der Folgezeit durch und mit ihr das entsprechende eindimensionale Bild, wie Technologietransfer funktioniere: Aufbauend auf den Ergebnissen der Grundlagenforschung, aber unabhängig von Zielen und Zutun der Grundlagenforscher, würden von Anwendungsforschern neue Technologien im Bereich der Anwendung entwickelt; in die umgekehrte Richtung – von der Anwendung zurück in die Grundlagenforschung – werden in dieser traditionellen Auffassung kaum Einflüsse gesehen. (Stokes, 1997, S. 10f.). An dieser Vorstellung vom Einfluss der Grundlagenforschung auf den technischen Fortschritt wird nach Stokes' Ansicht besonders deutlich, dass die eindimensionale Auffassung des Verhältnisses von Anwendungs- und Grundlagenforschung unangemessen ist. Technischer Fortschritt komme nicht dadurch zustande, dass in der Grundlagenforschung wie von selbst als Nebenprodukt neue Technologien entstünden, die dann nur noch angewandt werden müssten. Außerdem verlaufe auch die Entwicklung in grundlagenorientierten Bereichen nicht völlig abgekoppelt und unabhängig von technischen Neuerungen. So hat etwa die Entwicklung von leistungsstarken Computern und Programmen die Grundlagenforschung zu vielen Phänomenen erst ermöglicht (vgl. Stokes, 1997, S. 84–87).

Die Hauptkritik von Stokes an der traditionellen Auffassung setzt jedoch an der impliziten Annahme an, dass sich Forschung der Anwendung nur dadurch annähern kann, wenn sie sich von der Grundlagenforschung entfernt und umgekehrt durch eine stärkere Grundlagenorientierung stets zugleich anwendungsferner würde. Viel angemessener erscheint es Stokes, die Ziele der Erkenntnisgewinnung und der Erzeugung von Nutzen als zwei getrennte Dimensionen zu betrachten (Stokes, 1997, S. 72f.). Beide Dimensionen können in einzelnen Forschungsprogrammen unabhängig von einander höhere oder niedrigere Ausprägungen aufweisen, sodass bei dieser groben Aufteilung ein Modell mit vier Quadranten entsteht. Jeden der drei Quadranten, bei denen mindestens eine Dimension hoch ausgeprägt ist, exemplifiziert Stokes durch eine bekannte Forscherpersönlichkeit (Stokes, 1997, S. 73, vgl. Abb. 1).

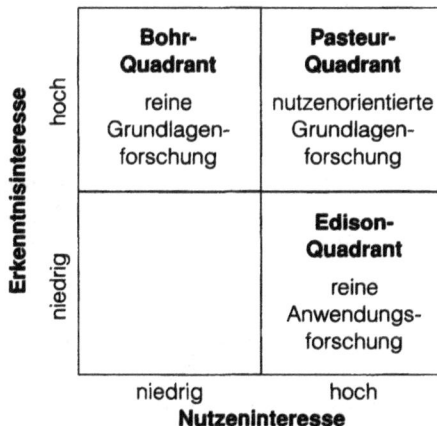

Abbildung 1: Quadrantenmodell der wissenschaftlichen Forschung
(in Anlehnung an Stokes, 1997, S. 73)

29

Prototypisch für hohes Erkenntnis- und geringes Nutzeninteresse ist nach Stokes Auffassung die Forschung von Nils Bohr, der seinen Angaben zufolge aus reiner Neugier nach einem Modell des Atomaufbaus suchte und damit dem Ideal reiner Erkenntnisorientierung entspricht (Stokes, 1997, S. 73f.).

Hohe Nutzenorientierung in Verbindung mit eher geringem Interesse an der Gewinnung wissenschaftlicher Erkenntnisse sieht Stokes durch Thomas Edison verkörpert. Ihm ging es bei seinen Arbeiten in Menlo Park, dem ersten industriellen Forschungslabor, vor allem um das Anwendungsziel profitabler elektrischer Beleuchtung; grundlegende und verallgemeinerbare Erkenntnisse waren nicht sein Anliegen (vgl. Stokes, 1997, S. 74).

Die Verbindung hoher Ausprägungen auf den Dimensionen der Erkenntnis- und der Nutzenorientierung exemplifiziert Stokes durch Louis Pasteur (vgl. Stokes, 1997, S. 63). In den ersten Jahren seiner Forscherlaufbahn befasste sich Pasteur zwar auch mit offenen Fragen der Grundlagenforschung (vgl. Stokes, 1997, S. 7f.), später bezog er jedoch seine Fragestellungen immer häufiger aus dem Anwendungskontext, etwa aus Problemen in den Fertigungsabläufen in Fabriken. Zum Beispiel erforschte er, wie man vermeiden kann, dass Lebensmittel bei der Herstellung verderben, und entdeckte im Rahmen dieser Forschungen, dass manche Mikroorganismen zum Leben keinen Sauerstoff benötigen (vgl. Stokes, 1997, S. 12f.). Er verband auf diese Weise entscheidende Fortschritte in der Grundlagenforschung mit direkter Verbesserung von Technologien der Produktion und lieferte wissenschaftlich abgesicherte Informationen für praktische Entscheidungen, etwa durch seine Erkenntnisse über Krankheitsursachen, auf die sich Bestrebungen zur Verbesserung der Hygiene dann berufen konnten (vgl. Stokes, 1997, S. 22).

Die Art von Forschung, die Stokes durch Louis Pasteur verkörpert sieht, bezeichnet er als nutzenorientierte Grundlagenforschung (‚*use-inspired basic research*'). Sie ist nicht höherwertig als reine Grundlagen- oder reine Anwendungsforschung, doch spielt sie die wichtige Rolle, ausgehend von Problemen von Anwendungsfeldern grundlegende Erkenntnisse zu generieren und damit zugleich diese Probleme zu lösen – und fungiert so auch als Gelenkstück des Technologietransfers (Stokes, 1997, S. 87f.).

2 Design-Forschung

Im Anschluss an die Überlegungen von Stokes stellt sich die Frage, wie nutzenorientierte Grundlagenforschung im Bildungsbereich realisiert werden kann. Dazu lagen bereits zum Zeitpunkt der Veröffentlichung des Buches von Stokes Ansätze vor, weitere wurden später entwickelt (vgl. z.B. Mandl & Stark, 2001). Viele dieser Ansätze firmieren unter der Bezeichnung ‚Design-Forschung' (*design-based research*), womit ein eher heterogenes Bündel von Forschungszugängen angesprochen ist. Diese spielen eine große Rolle in der US-amerikanischen Diskussion, was sich in Sonderheften des Educational Researcher (e.g. Cobb, Confrey, diSessa, Lehrer & Schauble, 2003; DBRC, 2003; Shavelson, Phillips, Towne & Feuer, 2003; Sloane & Gorard, 2003) und des Educational Psychologist (Bell, 2004; Joseph, 2004; O'Donnell, 2004; Sandoval,

2004; Sandoval & Bell, 2004; Tabak, 2004) zeigte. Die Grundideen der Designforschung sollen daher im Folgenden detaillierter dargestellt werden.

Designforscher versuchen, Methoden zur Generierung und Beantwortung von Fragen der jeweiligen Anwendungsfelder von Forschung im Bildungsbereich direkt im Anwendungskontext zu entwickeln, und damit die Orientierung an Nutzenzielen zu erhöhen.

Bereits Anfang der 90er Jahre wurden von prominenter Seite erste Stimmen laut, dass in der Forschung im Bildungsbereich eine stärkere Praxisorientierung dringend erforderlich sei (Collins, 1992; Brown, 1992). Dem war vorausgegangen, dass durch eine veränderte Forschungsförderungspolitik die Lösung komplexer Gestaltungsaufgaben in der Schule vermehrt in die Hände von Grundlagenforschern, wie beispielsweise Ann Brown oder Allan Collins, gelegt werden sollte. Vor Ort mussten diese jedoch erkennen, dass die methodischen Zugänge ihrer Herkunftsdisziplinen – etwa der Gedächtnis- oder Metakognitionsforschung – hinsichtlich der in der Praxis auftretenden Anforderungen zu kurz griffen. Die Komplexität der im Alltag auftretenden Phänomene war damit nicht handhabbar. Aus dieser Kritik heraus entstand die Gruppe von Ansätzen, die man als Design-Forschung bezeichnet; mit ihr soll eine neue methodologische Schwerpunktsetzung begründet werden.

Vor diesem Hintergrund kann Design-Forschung somit als eine Richtung der US-amerikanischen Bildungsforschung beschrieben werden, die sich die Verstärkung der Nutzenkomponente als Ziel gesetzt hat, dabei aber gleichzeitig betont, dass es erforderlich ist, hierzu auch neue oder ergänzende Methoden heranzuziehen. Oberflächlich betrachtet ist Design-Forschung eine Mischung aus Lehr-Lernforschung und der Entwicklung von Lehr-Lern-Umgebungen im praktischen Kontext, wie etwa im Bildungskontext eines Klassenzimmers oder eines Hochschulseminars. Das Design-Based Research Collective (DBRC, 2003; vgl. Fischer, Waibel & Wecker, 2006, S. 434) formuliert die Kriterien guter Designforschung u.a. folgendermaßen: (a) Designforschung verbindet die beiden Ziele, gute Lernumgebungen zu gestalten und Theorien des Lehrens und Lernens zu formulieren. (b) Bei der Entwicklung und Forschung werden die Schritte Design, Umsetzung, Analyse und Redesign kontinuierlich zyklisch durchlaufen. In Design-Experimenten werden analog zu den experimentellen Bedingungen in traditionellen Experimenten die aufeinander folgenden Zyklen miteinander verglichen (Cobb et al., 2003), um die festgestellten Unterschiede im Sinne einer formativen Evaluation zur Verbesserung zu nutzen. Jedoch sollen neben der Optimierung auch die Veränderung und ihre Wirkung theoretisch erklärt werden. (c) Designforschung soll explizite Theorien mit Implikationen für verschiedene Gruppen von Praktikern erarbeiten. (d) Designforschung soll erklären, wie die (um-)gestalteten Lernumgebungen in spezifischen authentischen Kontexten funktionieren. Hier wird die u. a. in den Ansätzen zur Situierten Kognition (z. B. Lave & Wenger, 1991) wurzelnde Forderung erhoben, die kontextuellen Rahmenbedingungen einer Theorie als explizite Bestandteile in die Theorie zu integrieren. (e) Erklärungen sollen mit Hilfe von Methoden erarbeitet werden, die zwischen Umsetzungsprozessen und intendierten Ergebnissen eine Verbindung herstellen können.

Design-Forscher sehen die Stärke der Designforschung vor allem in den Aspekten, die sie als den zentralen Schwachpunkt der ‚traditionellen' experimentellen Forschung betrachten, nämlich in der Erklärung von Phänomenen, die hoch kontextabhängig sind bzw. bei denen eine Vielzahl von Faktoren miteinander interagieren. Dabei unterscheidet sich Designforschung jedoch von Evaluationsstudien darin, dass es zwar ebenfalls darum geht, eine Intervention zu verbessern, dass jedoch bei der Designforschung das gleichrangige Ziel verfolgt wird, durch theoriegeleitete Forschung in komplexen Systemen Theorien des Lehrens und Lernens zu verbessern (vgl. Fischer, Waibel & Wecker, 2005, S. 434 f.).

Dabei stellt sich jedoch die Frage, inwiefern es sich bei Design Research um Grundlagenforschung handelt. Eine der zentralen Anforderungen, die Designforscher dafür zu erfüllen hätten und zumindest in Bezug auf die Validierung der erhobenen wissenschaftlichen Behauptungen typischerweise nur in einem geringen Ausmaß erfüllen (vgl. z. B. Shavelson et al., 2003, Sloane & Gorard, 2003), wären die gängigen zentralen Qualitätskriterien für jede wissenschaftliche Forschung. Diese wurden in einem Gutachten des National Research Council in kanonischer Form zusammengestellt, das im folgenden Abschnitt betrachtet werden soll. Gegen diese Kritik wenden Vertreter der Designforschung ein, dass dieser Forschungsansatz in Bezug auf einzelne Qualitätsaspekte jedoch sogar größere methodische ‚Strenge' aufweise als traditionelle Forschungsansätze, da in der Designforschung zum Beispiel die wirklich implementierte Intervention typischerweise angemessener charakterisiert werde, die in Untersuchungen ja nicht zwangsläufig exakt ‚theorietreu' realisiert werde. Außerdem würden nicht antizipierbare Effekte genauer dokumentiert und die Übertragbarkeit auf andere Kontexte, ein wichtiger Aspekt der Allgemeingültigkeit von grundlegenden Forschungsergebnissen, explizit adressiert (Hoadley, 2004). Es bleibt jedoch der Kritikpunkt, dass bisher kaum Beispiele erfolgreicher nutzenorientierter Grundlagenforschung im Rahmen von Designexperimenten vorliegen.

3 Wissenschaftliche Standards im Bildungsbereich – das Gutachten der NRC-Kommission

Das Gutachten mit dem Titel ‚*Scientific Inquiry in Education*', das von einer vom National Research Council eingesetzten Kommission unter dem Vorsitz von Shavelson und Towne erarbeitet wurde (Shavelson & Towne, 2001) geht von der Feststellung aus, dass Forschung im Bildungsbereich sich in einem Gefüge von Disziplinen verorten muss, die sich durch die Befolgung bestimmter Standards als wissenschaftliche Forschung qualifizieren. Einen wichtigen Ausgangspunkt bildet die Überlegung, dass nur mit allgemein anerkannten wissenschaftlichen Standards das für wissenschaftliche Forschung zentrale Zielkriterium der Kumulation von Wissen erfüllt werden kann. Daher sollte den Autoren des Berichts zufolge die Forschung im Bildungsbereich den gleichen Maßstäben genügen wie alle anderen Bereiche wissenschaftlicher Forschung (Shavelson & Towne, 2001, S. 1 f.; vgl. Fischer, Waibel & Wecker, 2005, S. 429). Nutzenorientierte Grundlagenforschung im Sinne des Pasteurschen Quadranten muss daher nicht nur wie die Design-Forschung dafür sorgen, dass sie ihre Fragestellungen unmittelbar aus dem Anwendungskontext bezieht, um die Orientierung am Nutzen zu maximieren, sondern zugleich darauf achten, dass sie die Standards für wissenschaftliche Erkenntnis nicht vernachlässigt.

Shavelson und Towne (2001) formulieren sechs Prinzipien wissenschaftlicher Forschung: (a) Am Anfang stehen bedeutsame Forschungsfragen, die entweder aus der Theoriebildung oder auch aus der Praxis entnommen werden, oder auch – wie im Pasteurschen Quadranten – aus beiden Bereichen. Fragen sind dann als bedeutsam anzusehen, wenn sie entweder Forschungslücken schließen oder praktische Probleme lösen. (b) Das zweite Prinzip besagt, dass eine Verbindung zur Theorie hergestellt werden muss, und zwar sowohl bei der Formulierung der Forschungsfrage als auch bei der Interpretation der Ergebnisse. (c) Es müssen direkte, d. h. empirische Untersuchungsmethoden eingesetzt werden. (d) Es muss eine kohärente Argumentationskette von den Fragestellungen bzw. von der Theorie über die Fragestellungen oder von der praktischen Problemstellung über die Theorie, die Methoden, Ergebnisse bis hin zur theoretischen Interpretation der Ergebnisse bestehen, durch die Alternativerklärungen auch für skeptische Leser ausgeschlossen werden. (e) Die Ansätze müssen generell Replikation und Generalisierung ermöglichen bzw. anstreben, und (f) die Forschung muss beim Veröffentlichen der Ergebnisse einer Qualitätssicherung durch ein *peer review*-Verfahren unterworfen werden.

Ein zentraler Kritikpunkt an den von Shavelson und Towne aufgestellten Prinzipien zur Definition eines gemeinsamen wissenschaftlichen Standards im Bildungsbereich besteht darin, dass durch sie eine Präferenz für die quantitativ-experimentelle Forschung vermittelt werde. Offene Fragen, die sich aus den an den NRC-Report anknüpfenden Beiträgen ergeben, lauten beispielsweise: Wie sollte die *community* aussehen, die für ihren Bereich definiert, wann eine Methodologie angemessen angewendet wurde, wann angemessen auf theoretischem Wissen aufgebaut wurde, was angemessene Theorien sind oder ob eine kohärente Argumentationskette vorliegt? Oder auch: Wie sehen *communities* aus, die auch gleichzeitig noch die Praxis angemessen repräsentieren sollen (z. B. Pellegrino & Goldman, 2002)?

All diesen kritischen Stimmen zum Trotz konnte im Verlauf der Diskussion um die Festlegung eines gemeinsamen wissenschaftlichen Standards ein interessantes Phänomen beobachtet werden. Wurde bis vor kurzem häufig hervorgehoben, dass der Bildungsbereich ein unvergleichlich komplexer, dynamischer Phänomenbereich sei, weshalb man die Bildungsforschung nicht mit anderen Bereichen wissenschaftlicher Forschung vergleichen dürfe (z. B. Berliner, 2002), sind diese Stimmen mittlerweile deutlich leiser geworden. Feuer et al. (2002) warnen etwa davor, nach anderen Kriterien für die Bildungsforschung zu verlangen, als sie für andere Bereiche der wissenschaftlichen Forschung gelten. Die Gefahr sei, aus dem Kreis der akademisch-wissenschaftlichen Forschungsdisziplinen ausgeschlossen zu werden. Vielmehr sei der geeignetere Ansatzpunkt, sich besser als *scientific community* zu organisieren und die für alle geltenden Kriterien für den Bildungsbereich *angemessen zu spezifizieren.*

4 Fazit

Für das Zusammenspiel von Grundlagen- und Anwendungsforschung kann nutzenorientierte Grundlagenforschung einen wichtigen Beitrag leisten, denn zum einen bezieht sie ihre Fragestellungen stärker als reine Grundlagenforschung aus Anforde-

rungen von Anwendungsfeldern, zum anderen ist sie stärker als reine Anwendungsforschung nicht lediglich an der Verbesserung pädagogischer Maßnahmen oder Programme, sondern auch an der Gewinnung verallgemeinerbarer Erkenntnisse interessiert. In diesem Beitrag wurde die Designforschung als Beispiel für einen Versuch
vorgestellt, wie nutzenorientierte Grundlagenforschung umgesetzt werden könnte,
und die Diskussion solcher Ansätze im Hinblick auf wissenschaftliche Standards refe-
riert, die die Designforschung zu erfüllen hätte, um sich nicht nur als nutzenorientiert,
sondern auch als Grundlagenforschung zu qualifizieren. Neben diesen Fragen der
Beurteilung der Qualität nutzenorientierter Grundlagenforschung sind noch eine
Reihe weiterer Punkte ungeklärt, die weiter diskutiert werden müssen:

Die Annäherungen etwa von Lehr-Lernforschern an die Problemstellungen der
Praxis sind von Forderungen nach angemesseneren Methoden begleitet, die vor
allem die *Übergänge bzw. den Wechsel zwischen Erkenntnis- und Nutzenorientierung* in beide Richtungen erleichtern, wozu Methoden der Design-Forschung einen
wichtigen Beitrag leisten könnten. Es wird argumentiert, dass mit solchen teilweise
ingenieurwissenschaftlich inspirierten Methoden die Wahrscheinlichkeit der Nutzung
der Erkenntnisse zumindest in der lokalen Praxis erhöht würde. Es wird weiter argumentiert, dass diese Methoden auch im Sinne der Theorieentwicklung dann besser
geeignet seien als experimentelle Ansätze, wenn es sich um sehr komplexe Phänomene mit vielen potenziell interagierenden Faktoren handle.

Für den pädagogisch-psychologischen Bereich bieten diese Methoden vor allem
dort eine Innovationschance, wo bislang häufig unsystematisch vorgegangen wird,
wie etwa bei der Auswahl von Fragestellungen und der Operationalisierung theoretischer Konstrukte in Fragebogenitems oder in Varianten von Lernumgebungen. In
den genannten Bereichen stellen die Design-Methoden eine transparente, systema-
tische Heuristik dar, die aus wissenschaftlicher Perspektive einem unsystematisch-
willkürlichen Vorgehen vorzuziehen sind. Ebenfalls viel versprechend erscheint der
Einsatz von Design-Methoden als Alternative zu experimentellen Untersuchungen,
bei denen keine Hypothesen geprüft werden, sondern ein Phänomen exploriert werden soll. Zum Generieren von Fragestellungen und innovativen Interventionen könnten bestimmte Design-Methoden unter Umständen schneller und produktiver sein.

Als berechtigter Kritikpunkt in der derzeitigen Diskussion auch an der pädagogisch-psychologischen Forschung erscheint die mangelnde Prüfung der Frage, inwieweit Erkenntnisse aus kleinen Interventionsstudien auch *Gültigkeit für die Anwendung in der Breite* besitzen. Dabei erscheinen ‚Klinische Studien' als durchaus angemessen, wenn sie zu einem geeigneten Zeitpunkt innerhalb einer komplexeren
Forschungsstrategie eingesetzt werden, d. h. zum Beispiel immer dann, wenn explorativ erarbeitete Kausalhypothesen zu überprüfen sind. Dies muss – siehe den Beitrag
von N. Groeben – nicht notwendigerweise erst dann sein, wenn die Wirkmechanismen hinlänglich erforscht sind. Burkhardt und Schoenfeld (2003) stellen darüber
hinaus fest, dass es im Bereich der Forschung im Bildungsbereich kaum etablierte
Mechanismen gibt, wie Ideen und Erkenntnisse aus kleinen Interventionsstudien
innerhalb und außerhalb des Forschungslabors in die breite Praxisanwendung hoch
skaliert werden können. Die Idee so genannter ‚*testbed*-Designs' (Gomez et al., 1997)
wird als viel versprechend angesehen. Dabei geht es darum, nicht nur systematisch
umfassendere Populationen in die Wirksamkeitsuntersuchungen mit einzubeziehen,

sondern darüber hinaus abweichende oder ausbleibende Wirkungen zum Anlass explorativer Studien etwa mit Hilfe von Design-Methoden zu machen. Allerdings liegen bislang nur wenige empirische Arbeiten im Bildungsbereich vor, die *testbed*-Designs eingesetzt haben.

Neben der Entwicklung von Transfermechanismen, wie sie mit *testbed*-Designs vorgeschlagen werden, ergeben sich aus der Forderung nach derartigen Mechanismen für das Hochskalieren in die breite Anwendung auch *organisatorische Konsequenzen*, wie etwa für die Veränderung des akademischen Wertesystems durch erhöhte akademische Anerkennung von ingenieurwissenschaftlichen Zugängen in Gebieten, die diese bislang nicht systematisch nutzen, und die dafür nötige breitere Ausbildung der Forscher. Nach Ansicht von Burkhardt und Schoenfeld (2003) müssten Forscher während ihrer Qualifikation alle Fertigkeiten erwerben, die *impact*-fokussierte Forschung erfordert. Ein aktueller Vorschlag für die Ausbildung zukünftiger Bildungsforscher sieht dazu vor, dass Doktorandenprogramme nicht nur Kernkurse in den traditionell für Bildungsfragen als relevant angesehenen Disziplinen sowie eigene Forschungsarbeiten umfassen sollten, sondern darüber hinaus sowohl praktische Lehr-Erfahrungen beispielsweise durch Praktika in Schulen, Bildungsbehörden und der Lehrerbildung ermöglichen und die zukünftige interdisziplinäre Zusammenarbeit durch interdisziplinäre Seminare und Angebote zur Netzwerkbildung fördern sollten (Eisenhart & DeHaan, 2005). Ergänzen ließe sich, dass *scaling up*-Untersuchungen auch über den traditionellen Methodenkanon hinausgehende forschungsmethodische Kenntnisse erfordern. Hinzu kommt, dass auch die derzeit typischen Forschungsteams nicht die angemessene Größe für derart komplexe und umfangreiche Aufgaben mit längerem Zeitrahmen aufweisen. Typische Ein-Personen-Doktoranden-Projekte können diesen komplexen Aufgaben nicht gerecht werden. Ein Schritt wäre zwar, wie beschrieben, sicher eine breitere methodische Ausbildung des wissenschaftlichen Nachwuchses, damit auch *engineering*-Probleme systematisch bearbeitet werden können. Dies allein ändert jedoch nichts daran, dass die wenigen erfolgreichen Veränderungen der Bildungspraxis durch Bildungsforschung deutlich längerfristige und umfangreichere Forschungsarbeiten zur Grundlage hatten, als einzelne Doktoranden dies gewährleisten könnten (Burkhardt & Schoenfeld 2003).

Insgesamt scheint nutzenorientierte Grundlagenforschung sowie ihre Umsetzung in der Design-Forschung und verwandten Ansätzen Potenzial zur Systematisierung des Wechselspiels zwischen praktischer und epistemischer Forschung, wie sie von N. Groeben in seinem Beitrag gegenübergestellt werden, zu besitzen. Dabei ist zu betonen, dass nutzenorientierte Grundlagenforschung nicht an die Stelle von traditioneller Grundlagen- und Anwendungsforschung treten, sondern diese Forschungsausrichtungen als verbindendes Glied ergänzen sollte. Die genannten Ansätze für den pädagogisch-psychologischen Bereich befinden sich allerdings noch in einer frühen Entwicklungs- und Erprobungsphase, die durch ein deutliches Übergewicht der praktischen Anteile gekennzeichnet ist. Auch wenn Umsetzungsvorschläge und -beispiele bislang umstritten sind, insbesondere, weil sie den bewährten Qualitätskriterien für wissenschaftliche Forschung nicht genügen bzw. neue, spezifische Kriterien für die Beurteilung der Qualität fordern, hat die Diskussion entscheidende Schwachpunkte der derzeit vorherrschenden Sicht auf das Verhältnis von Theorieentwicklung und Anwendung im Bildungsbereich identifiziert. Es ist nun an der Zeit zu prüfen, inwiefern die international diskutierte Problematik auch in der Forschung hierzulande von Relevanz ist und welche Konsequenzen daraus für ihre Ausrichtung zu ziehen sind.

Literatur

AERA. (2003). Council Minutes: January 25–26, 2003. *Educational Researcher, 32* (5), 39–45.

Bell, P. (2004). On the theoretical breadth of design-based research in education. *Educational Psychologist, 39 (4)*, 243–253.

Berliner, D. C. (2002). Educational Research: The hardest science of all. *Educational Researcher 31* (8), 18–20.

Brown, A. L. (1992). Design experiments: Theoretical and methodological challenges in creating complex interventions in classroom settings. *The Journal of the Learning Sciences, 2* (2), 141–178.

Burkhardt, H. & Schoenfeld, A. H. (2003). Improving Educational Research – Toward a more useful, more influential, and better funded enterprise. *Educational Researcher, 32* (9), 3–14.

Cobb, P., Confrey, J., diSessa, A., Lehrer, R. & Schauble, L. (2003). Design experiments in educational research. *Educational Researcher, 32* (1), 9–13.

Collins, A. (1992). Toward a design science of education. In E. Scanlon & T. O'Shea (Eds.), *New directions in educational technology*, 15–22. Berlin: Springer.

The Design-Based Research Collective (DBRC) (2003). Design-based research: An emerging paradigm for educational inquiry. *Educational Researcher, 32* (1), 5–8.

Eisenhart, M. & DeHaan, R. L. (2005). Doctoral Preparation of Scientifically Based Education Researchers. *Educational Researcher, 34* (4), 3–13.

Feuer, M. J., Towne, L. & Shavelson, R. J. (2002). Scientific Culture and Educational Research. *Educational Researcher 31* (8), 4–14.

Fischer, F., Waibel, M. & Wecker, C. (2005). Nutzenorientierte Forschung im Bildungsbereich: Argumente einer internationalen Diskussion. *Zeitschrift für Erziehungswissenschaft, 8* (3), 427–442.

Gomez, L. M., Fishman, B. J. & Pea, R. D. (1998). The CoVis project: Building a large-scale science education testbed. *Interactive learning environments, 6* (1–2), 59–92.

Hoadley, C. M. (2004). Methodological alignment in design-based research. *Educational Psychologist, 39 (4)*, 203–212.

Joseph, D. (2004). The practice of design-based research: Uncovering the interplay between design, research, and the real-world context. *Educational Psychologist, 39 (4)*, 235–242.

Lave, J., & Wenger, E. (1991). *Situated learning: Legitimate peripheral participation*. Cambridge: Cambridge University Press.

Mandl, H. & Stark, R. (2001). Pasteur's Quadrant in Educational Psychology: use-inspired basic research to overcome the gap between theory and practice. Paper presented at Annual Meeting of the American Educational Research Association 2001, Seattle, Washington.

O'Donnell, A. M. (2004). A Commentary on Design Research. *Educational Psychologist, 39 (4)*, 255–260.

Olson, D. R. (2004). The triumph of hope over experience in the search for "What Works": a response to Slavin. *Educational Researcher 33* (1), 24–26.

Pellegrino, J. W. & Goldmann, S. R. (2002). Be Careful What You Wish For – You May Get It: Educational Research in the Spotlight. *Educational Researcher, 31* (8), 15–18.

Sandoval, W. A. (2004). Developing learning theory by refining conjectures embodied in educational designs. *Educational Psychologist, 39 (4)*, 213–223.

Sandoval, W. A. & Bell, P. (2004). Design-based research methods for studying learning in context: Introduction. *Educational Psychologist, 39 (4)*, 199–201.

Shavelson, R. J. & Towne, L. (2001). *Scientific Inquiry in Education*. Washington, DC: National Academy Press.

Shavelson, R. J., Phillips, D. C., Towne, L. & Feuer, M. J. (2003). On the science of education design studies. *Educational Researcher, 32* (1), 25–28.

Slavin, R. E. (2002). Evidence-based education policies: transforming educational practice and research. *Educational Researcher, 31* (7), 15–21.

Sloane, F. C. & Gorard, S. (2003). Exploring Modeling Aspects of Design Experiments. *Educational Researcher, 32*(1), 29–31.

Stokes, D. E. (1997). *Pasteur's Quadrant: Basic Science and Technological Innovation.* Washington, D. C.: Brookings Institution Press.

Tabak, I. (2004). Reconstructing context: Negotiating the tension between exogenous and endogenous educational design. *Educational Psychologist, 39 (4),* 225–233.

U. S. Department of Education (2002). *Strategic Plan 2002–2007.* Washington, DC: U.S. Department of Education. Retrieved, from the World Wide Web: http://www.ed.gov/about/reports/strat/plan2002-07/index.html

Forschungsdesigns in der Psychotherapieforschung: Die Diskussion um Randomisierte Klinische Studien

Franz Caspar

Klinisch-psychologische Forschung hat vielfältige Gegenstände, wie Untersuchungen zur Epidemiologie, Studien zu klinischen Urteilsprozessen und Wirksamkeitsstudien für klinisch-psychologische Interventionen. In diesem Beitrag wird die Psychotherapieforschung in den Vordergrund gestellt. Das kann sicherlich nur exemplarische Bedeutung haben, die Wahl dieses Feldes ist aber insofern bedeutsam, als die wissenschaftliche Basis des beruflichen Handelns eines großen Teils der Psychologie-Absolventen betroffen ist. Es ist anzunehmen, dass ein Teil der Aussagen und Überlegungen auf andere klinische (oder überhaupt angewandte) Felder zu übertragen ist, im Einzelnen ist das aber natürlich zu prüfen. Der Beitrag konzentriert sich auf die Auseinandersetzung mit dem Ansatz der Randomisierten Klinischen Studien und ihrem Stellenwert für einen ‚nutzeninspirierten‘ Forschungsansatz.

1 Randomized Clinical Trails: Der Goldstandard für die klinisch-psychologische Forschung?

Ausgehend von einem zunehmenden Kostendruck im Gesundheitswesen wurden in den USA in den 90er Jahren zunehmend randomisierte klinischen Studien (*randomized clinical trials*, RCT) auch für die Psychotherapieforschung gefordert (Chambless & Hollon, 1998, Elliott, 1998). Die Forderung nach diesem ‚Goldstandard‘ klinischer Forschung ging einher mit der Vorstellung, dass klinische Studien vor allem *outcome studies* sein sollten, also Studien zur vergleichenden Überprüfung der Wirksamkeit psychotherapeutischer Verfahren. Zum einen gab es theoretische Gründe für solche Vergleichsstudien. Könnte man davon ausgehen, dass klinisch-psychologische Interventionen alle (gleich) wirksam sind und auch in der Konkurrenz mit biologischen und anderen Interventionen bestehen, wäre Wirksamkeitsforschung obsolet. Tatsächlich ist das *equivalence paradox* in der Psychotherapieforschung viel diskutiert: Danach unterscheidet sich die Wirkung der wichtigsten untersuchten Therapieformen im Durchschnitt über viele Patienten nicht. Vor allem, weil dieser Befund im Widerspruch zur Überzeugung praktizierender Therapeuten ebenso wie vieler Therapieforscher steht, führte er zu der Frage nach methodischen und konzeptuellen Voraussetzungen. Einige sehen die scheinbare Äquivalenz als methodisches Artefakt, es wird auch betont, dass nicht-untersuchte Verfahren natürlich nicht in Anspruch nehmen können, als ‚Trittbrettfahrer' ebenfalls als wirksam anerkannt zu werden. Hinzu kommen viele Belege für differentielle und spezifische Wirkungen, sodass die *outcome*-Forschung nach wie vor zahlreiche offene Fragen zu beantworten hat.

Die *outcome*-Orientierung ist zum anderen durch die Notwendigkeit motiviert, Psychotherapie im Kontrast zu zumindest scheinbar preiswerteren Verfahren (etwa die bloße Vergabe von Medikamenten) zu begründen. Die Forschungsstrategien zur Wirksamkeit im Bereich der Pharmazieforschung haben entsprechend großen Einfluss auf die Forschung zur Wirksamkeit von Psychotherapien.

Die Divison ‚*Society of Clinical Psychology*' (Division 12) der American Psychological Association (APA) hat 1992 eine Task Force ‚*on the Promotion and Dissemination of Psychological Procedures*' eingerichtet (jetzt ein *standing committee*), welche Prozeduren für RCTs in der Psychotherapieforschung definiert hat (Hahlweg, 1995). Zu den Festlegungen gehören, dass

– homogene Patientengruppen mit eindeutigen Diagnosen untersucht werden und
– eine Standardisierung des therapeutischen Vorgehens durch Manualisierung der Therapien erfolgen soll.

Es wurden Kriterien für wirksame Behandlungsformen formuliert (‚*empirically validated treatments*' und zu einem späteren Zeitpunkt vorsichtiger: ‚*empirically supported treatments*'). Dabei wurde nach Grad der Klarheit bzw. dem Ausmaß der Bestätigung unterschieden: ‚empirisch gut bestätigt' (‚*well established*') und ‚wahrscheinlich wirksam' (‚*probably efficacious*'). Neben randomisierten Studien sind auch Serien von Einzelfallstudien zugelassen, allerdings mit hohen methodischen Anforderungen. Generell gilt, dass die Bestätigung der Wirksamkeit durch *eine* Arbeitsgruppe allein nicht ausreicht, um die Wirksamkeit als bestätigt anzusehen. Dies trägt dem ‚*allegiance*-Effekt' Rechnung, der das Problem beschreibt, dass das Ergebnis einer psychotherapeutischen *outcome*-Studie mit recht hoher Sicherheit aus der Kenntnis der Präferenzen des Untersuchers vorausgesagt werden kann.

Die Einführung des RCT-Standards für psychotherapeutische Wirksamkeitsforschung bietet verschiedene Vorteile: In der politischen Diskussion können Psychotherapien einfacher im Vergleich zu alternativen Behandlungsformen als ‚einheitliche Droge' dargestellt werden; dies erhöht ihre Konkurrenzfähigkeit. Nach wissenschaftlichen Gesichtspunkten erfüllen RCTs in höherem Maße Anforderungen an methodische Strenge und interne Validität. Und natürlich sind kausale Wirksamkeitsbelege nur durch experimentelle Studien zu erreichen.

Die Konzentration auf die Wirksamkeit von psychotherapeutischen Interventionen und die Dominanz des RCT-Standards sind jedoch auch in einer Reihe von Punkten kritisch zu bewerten:

Ein wesentlicher Kritikpunkt ist ein Mangel an externer Validität: So verlangen beispielsweise RCTs bei der Patientenselektion eine starke Ausrichtung an klaren Diagnosen, in der Regel ohne Komorbidität. Diese ist jedoch epidemiologisch und in der Alltagspraxis nicht repräsentativ. Gleichzeitig kann die starke Reduktion von Heterogenität durch Selektion von Patienten bewirken, dass durch Reduktion von Prä-Varianz Effektstärken unrealistisch vergrößert werden. Bei gleichem absolutem Betrag der therapeutischen Veränderung, aber natürlicher Variation der Erfolgsvariablen, wären die gefundenen Effekte ceteris paribus in der Regel bescheidener (Caspar & Jacobi, 2004; Grawe, Donati & Bernauer, 1994).

Eine Reihe weiterer Kritikpunkte am RCT-Ansatz aus der mittlerweile umfangreichen Literatur dazu können wie folgt zusammengefasst werden: Zu undifferenzierter, oft tendenziöser Vergleich von Verfahren in einem Teil der Studien (*,horse race*-Forschung'), unangemessene Reduktion der betroffenen Patienten auf meist eine Diagnose und Vernachlässigung von Komorbiditäten; Nicht-Berücksichtigen der schwierigsten bzw. für die Alltagspraxis typischen Patienten; Vernachlässigung kleinerer, in der Summe aber bedeutender Patientengruppen; Vernachlässigung von (z. B. interpersonalen) Eigenschaften, die über Diagnosen im engeren Sinne hinausgehen; Bericht von Ergebnissen nur für Patienten mit abgeschlossener Therapie statt für alle Patienten, die behandlungsbedürftig bzw. -willig (*,intention to treat'*) wären; Unmöglichkeit, den ganzen Bereich psychischer Störungen mit spezifischen Manualen abzudecken; Unmöglichkeit, Psychotherapeuten in mehr als einigen wenigen störungsspezifischen Verfahren gut auszubilden; Unzureichende Nutzung des *outcome*-Varianzanteils, der nicht von Techniken, sondern z. B. der therapeutischen Beziehung abhängt; hohe Kosten für Randomisierte Klinische Studien (RCTs), welche diesen Forschungsansatz als flächendeckende Strategie unrealistisch machen; beschränkter Beitrag zum Wissen, *wie* Psychotherapie wirkt – was zur Optimierung der Behandlung am einzelnen Patienten ebenso wie der Techniken als solcher notwendig wäre, u. a. m.

Hinzu kommt, dass für die Psychotherapie bestimmte Rahmenbedingungen gelten, die dazu führen, dass bestimmte Anforderungen von RCTs kaum zu realisieren sind: So ist beispielsweise Verblindung (die in Psychopharmastudien methodischer Standard ist) bei Psychotherapie praktisch nicht durchführbar. Auch Wartekontrollgruppen erwecken den Verdacht, es würden gar nicht richtige Patienten untersucht, weil beim Bestehen alternativer Behandlungsmöglichkeiten und gutem Informationsstand (immer mehr auch via Internet) ein Patient mit Leidensdruck kaum sehr lange ohne Behandlung verharrt, u. a. m.

Die Wirksamkeitsforschung und ihre Ergebnisse sind nur in eingeschränktem Maße nützlich, d. h. diese Forschung stellt nicht in ausreichender Weise Wissen über die Ätiologie und Behandlung psychischer Störungen bereit, das von Therapeuten umgesetzt wird und zu einer nachgewiesenermaßen erfolgreichen Praxis führt. Die Gründe dafür ergeben sich aus der oben aufgeführten Liste von Kritikpunkten:

Unter speziellen Bedingungen erzeugte Wirksamkeitsbelege (*,efficacy'*) implizieren noch keine gute Wirkung in der regulären Praxis (*,effectiveness'*).

Auch gute Erfolgsraten von 75 oder 80 % bedeuten, dass 1/5 bis 1/4 der Patienten nicht befriedigend geholfen werden kann. Das ruft nach einer besseren Nutzung anderer, nicht mit der Störung und nicht mit therapeutischen Techniken im engeren Sinn verbundener Varianzquellen. So gehört es zu den am besten belegten Ergebnissen der Therapieforschung, dass verschiedene Variablen der Therapie*beziehung* einen Einfluss auf die Therapieergebnisse haben. Die Stärke der Zusammenhänge ist zwar nur von mittlerer Größe, aber bedeutsam genug, um nicht vernachlässigt zu werden (Norcross, 2002).

Über die Wirkungs*weisen* von Psychotherapien ist zu wenig bekannt, um konkrete Therapien am Einzelfall (z. B. ,Wie gehe ich mit einem Patienten um, der komorbid zwei DSM-IV-Achse I-Störungen und zudem noch interpersonale Auffällig-keiten zeigt?') oder innerhalb bestimmter Ansätze zu optimieren (,Wie entscheide ich in Kenntnis der genauen Wirkweise differentiell, ob einem traumatisierten Menschen *debriefing* eher helfen oder schaden wird?').

Es ist unrealistisch, den Anspruch zu formulieren, für alle denkbaren Störungen und ihre Kombinationen jeweils manualisierte Vorgehensweisen zu entwickeln. The-rapeuten müssen auch nach allgemeinen Heuristiken und Wirkprinzipien handeln können. Die Forschung hierzu ist aber noch wenig entwickelt.

Neues Wissen findet seinen Eingang in die Praxis über den Therapeuten. Die Person des Therapeuten und sein ,inneres Funktionieren' spielen dabei eine zentrale, bisher aber vernachlässigte Rolle (Caspar, 1997). Welche Möglichkeiten bestehen, den Transfer neuen Wissens günstig zu beeinflussen? Darüber ist empirisch noch wenig bekannt.

Die vom Gesetz vorgesehene Qualitätssicherung ist in Deutschland noch bei weitem nicht angemessen umgesetzt. Therapeuten mögen intrinsisch motiviert sein, mit allen Mitteln unter Einschluss der Berücksichtigung wissenschaftlicher Erkennt-nisse optimale Therapieergebnisse zu erzielen. Es bleibt jedoch für sie ohne ernst-hafte Konsequenzen, wenn sie es nicht tun oder es nicht gelingt. So streuen die durchschnittlich erreichten (teils negativen!) Effektstärken zwischen Kliniken enorm (Koch, 2003) und zwischen niedergelassenen Therapeuten dürfte es nicht viel anders sein.

Wie nutzen Therapeuten eigentlich wissenschaftliche Erkenntnisse zur Wirk-samkeit und Wirkweise von Psychotherapie und wovon hängt dies ab? Erkenntnisse dazu könnten als Hinweise auf das Ausmaß des aktuellen Nutzens verschiedener Arten von Studien für die Praxis verwendet werden.

2 Alternative Ansätze zur ,reinen' Wirkungsforschung und zum RCT-Ansatz

Tatsächlich ist entgegen weitverbreiteter Meinung *evidence based medicine* (auf die viele sich als Leitidee beziehen) nicht definiert als direkte Anwendung von Wis-sen aus experimentellen Wirksamkeitsstudien in der Praxis, sondern als der gewis-senhafte, ausdrückliche und vernünftige Gebrauch der gegenwärtig besten externen, wissenschaftlichen Evidenz für Entscheidungen in der medizinischen Versorgung *in-dividueller* Patienten. Die Praxis der EBM bedeutet die *Integration individueller klini-scher Expertise* mit der *bestmöglichen externen Evidenz* aus systematischer For-schung (Sackett, 1997). Eine ganz ähnliche Sicht findet sich (z. Z. erst in Entwurfform vorliegend) in Formulierungen der ,2005 *Presidential Task Force on Evidence-Based Practice'* der American Psychological Association: Dass diese *task force* eingesetzt wurde, ist ein weiterer Beleg für die wachsende Einsicht, dass Erkenntnisse aus klini-schen Studien nicht 1:1 umgesetzt werden können.

Verschiedene Aktivitäten in der Disziplin können als Bemühungen verstanden werden, die Grenzen der reinen Wirksamkeitsforschung zu überwinden. Die APA-

,Division of Psychotherapy' (Division 29) hat bereits vor Jahren eine *task force* gebildet, die nicht in Konkurrenz, sondern in Ergänzung zu den Aktivitäten der o. g. *task force* empirische Fakten zu ,*empirically validated therapeutic relationships*' und daraus abgeleitete Empfehlungen zusammengestellt hat (Norcross, 2002). Die APA Division ,*Society of Clinical Psychology*' hat eine neue *task force* gebildet, die sich mit ,*crosscutting and integrating principles*' beschäftigt (Castonguay & Beutler, 2005). Das National Institute of Mental Health (NIH) bemüht sich seit Jahren um eine Intensivierung der Erforschung der *effectiveness* von Therapieverfahren, also um den Nachweis der Wirksamkeit in der regulären Praxis, sowie um Implementierungsforschung u. a. m. Damit sind RCTs nicht in Frage gestellt, insbesondere nicht, wenn es um den ,strengen' Nachweis kausaler Wirkmechanismen geht, aber es werden darüber hinaus Anstrengungen unternommen, um ihre Schwächen zu kompensieren.

2.1 Erforschung von Prinzipien statt Techniken

Für die therapeutische Praxis genügt rein ,technologisches' Wissen, d. h. Wissen über die Wirksamkeit eng umschriebener Techniken, allein nicht und wird auch so nicht unmittelbar angewendet. Es ist vielmehr erforderlich, Wissen über allgemeine Prinzipien zur Verfügung zu stellen. Mit Forschungsansätzen, die solche allgemeinen Prinzipien zum Gegenstand haben, wird das Ziel verfolgt, Wissen zu produzieren, das auch auf Patienten und Vorgehensweisen übertragbar ist, die bisher nicht genau untersucht wurden und aus den o. a. Gründen wohl auch nie genau untersucht werden können.

Ein Beispiel ist die Wirkfaktorenforschung der Arbeitsgruppe um Klaus Grawe, Bern. Hier wird unabhängig von einer engen diagnostischen Gruppe und über verschiedene therapeutische Techniken im engeren Sinne hinweg untersucht, wie sich Wirkfaktoren, wie z. B. Ressourcenaktivierung oder Problemaktivierung, auf Therapieergebnisse auswirken. Es konnte z. B. gezeigt werden, dass Problemaktivierung nur dann positive unmittelbare Auswirkungen zeigt, wenn gleichzeitig hinreichend ressourcenorientiert vorgegangen wird (Grawe, 1999).

Weil die interessierenden Konstellationen von Merkmalen in diesem Zusammenhang experimentell nur schwer herzustellen sind, werden die Daten durch Selektion von Situationen aus der natürlichen Variation innerhalb großer Zahlen von unter vergleichbaren Randbedingungen durchgeführten Psychotherapien gewonnen. Weil die Untersuchung theoriegeleitet und die Analyse der Daten sehr spezifisch ist, haben die Befunde, obwohl nicht experimentell gewonnen, einen deutlich höheren Wert als korrelative Zufallsbefunde (Grawe, 2002). Diese Herangehensweise hat aber auch Grenzen: So bleibt bei diesem Beispiel etwa offen, ob Therapeuten, die sich als präskriptive Regel *vornehmen*, Probleme nur zu aktivieren, wenn sie sicher sind, gleichzeitig genügend ressourcenorientiert zu sein, bessere Erfolge haben. Dritte Variablen (z. B. Patienten- oder Situationsmerkmale) könnten den Zusammenhang ,Ressourcenorientierung – Erfolg' auf Sitzungsebene hervorbringen und die Wirkung präskriptiver Regeln, so plausibel sie auch sein mögen, zunichte machen. Das wiederum ließe sich nur experimentell untersuchen.

2.2 Berücksichtigung von Kontext und Zusammenhängen zwischen Einflussfaktoren

Für die klinische Praxis ist typisch, dass es um Komplexe von Einflussfaktoren geht. In jüngerer Zeit wird vermehrt diskutiert, ob die Wirkung bestimmter Interventionen (z. B. Interpretation, Exposition, Disputation irrationaler Denkstile) überhaupt kontextfrei zu analysieren ist oder ob ihre Wirkung nicht vielmehr in starkem Maße vom Kontext abhängig ist, in dem sie eingesetzt werden. In diesem Zusammenhang steht auch die Diskussion um die Berücksichtigung individueller Voraussetzungen für Lernen und Veränderung bei der Frage der Wirkung von Interventionen (*aptitude × treatment-interaction*, Snow, 1991). So ist es z. b. nicht plausibel, dass der Zusammenhang zwischen einzelnen Variablen der Therapiebeziehung und -ergebnis patientenunabhängig sein sollte. Viel plausibler ist, dass das *Maß*, in dem der *Therapeut sich auf den einzelnen Patienten einstellen kann* (was je nach Patient sehr Unterschiedliches heißen kann!) mit dem Therapieerfolg korreliert.

Dass eine zu einfache Versuchsplanung in die Irre führen kann, ist erkannt. So wurden z. B. negative Korrelationen zwischen der Häufigkeit von Interpretation durch den Therapeuten und dem Therapieerfolg gefunden. Wirken also Interpretationen negativ, wie bspw. Psychoanalyse-Skeptiker frohlocken könnten? Aus methodischer Sicht ist eine alternative Erklärung mindestens ebenso plausibel: Eine gute Interpretation wird nur einmal geäußert und erzielt eine positive Wirkung. Weniger gelungene Interpretationen kommen für den Therapeuten erkennbar schlechter an. Er reagiert mit weiteren, alternativen Interpretationen, wodurch die Zahl erhöht – aber dennoch oft nicht das Erwünschte bewirkt wird (Stiles et al., 1998). Dies führt zu einer negativen Korrelation zwischen der Häufigkeit von Interpretationen und dem Therapie-Erfolg, aus der aber zu Unrecht abgeleitet würde, dass Interpretationen negativ wirken.

Zusammenfassend stellt der Ansatz der Untersuchung von *aptitude × treatment-interaction* (auch unter dem Label ‚*responsiveness*‘ diskutiert) ein wichtige Ergänzung und Erweiterung des RCT-Ansatzes dar, der jedoch bislang in der Forschung noch wenig umgesetzt wird, wahrscheinlich auch, weil daraus zwingend komplexere Untersuchungspläne resultieren.

2.3 Kombination quantitativer und qualitativer Methoden

Bei der Umsetzung komplexer Untersuchungsdesigns sind die Möglichkeiten unterschiedlicher methodischer Zugänge zu berücksichtigen. Häufig ist eine Kombination quantitativer und qualitativer Erhebungsmethoden sinnvoll. So können quantitative Daten, z. B. aus Patientenstundenbögen, den Weg zu Sitzungen weisen, bei denen sich aufwändige qualitative Analysen von Videoaufnahmen lohnen könnten. Über die Ergebnisse detaillierter qualitativer Untersuchungen kann man mittels abgeleiteter quantitativer Variablen einen Überblick gewinnen, usf. (Caspar & Jacobi, 2004).

2.4 Erforschung von Therapeuten und Therapieausbildung

Um dem Einzelfall gerecht zu werden, d. h. den einzelnen Patienten angemessen zu behandeln, genügt es nicht, dass Therapeuten im Anschluss an eine nach klaren Algorithmen erarbeitete Diagnose das ‚richtige' Therapie-Manual auswählen und strikt anwenden. Wäre dies so, läge die Expertise und deren ständige Aktualisierung bei den Entwicklern der Manuale, bei den Therapeuten wäre sie entbehrlich. In Wirklichkeit müssen Therapeuten aber über einzelne Patienten und alle für ihre Behandlung relevanten empirischen Fakten informiert sein, um auf dieser Basis evidenzbasierte Entscheidungen zu fällen. Man könnte auch sagen: Sie stehen vor der anspruchsvollen Aufgabe, die individuellen Differenzen und Besonderheiten der Situation, die im Sinne experimenteller Versuchspläne zwingend minimiert werden mussten, nun in angemessener Weise wieder einzuführen.

Dabei ist aber noch vergleichsweise wenig bekannt, wie diese Informationen von Therapeuten verarbeitet werden und welche Voraussetzungen für das Nutzen empirischen Wissens gegeben sein müssen. So gibt es beispielsweise Hinweise darauf, dass individuelle Variationen (z. B. die Qualität der Informationsverarbeitung und die Expertise des Therapeuten) stärker sind als etwa der Einfluss der therapeutischen Orientierung oder der Erfahrung (Caspar, 1995). Inwieweit gängige Therapieausbildungen zu einer Verbesserung von Fähigkeiten beitragen, wovon dies im einzelnen abhängt und wie Lernprozesse optimierbar sind, ist weitgehend unbekannt.

2.5 Zusammenarbeit mit Praktikern in der Forschung

Einen Ansatzpunkt für die Anknüpfung von Forschungsfragen an die Praxis und den Transfer von Wissen in beide Richtungen findet man in den universitären Psychotherapie-Ambulanzen. In ihnen findet Praxis *innerhalb der Universität* statt, die je nach Einrichtung, Forschungsprogramm und Selektionskriterien ohne weiteres mit ‚normaler Praxis' vergleichbar ist. Hier kann im Idealfall Praxis- und Grundlagenforschung verschmelzen und ‚Transdisziplinarität' erreicht werden, auch dadurch, dass Forschende hier gleichzeitig Praktiker sind. Auch außerhalb solcher Einrichtungen ist es möglich und wünschenswert, in kleineren und größeren Studien mit Praktikern zusammenzuarbeiten, mit ihnen zusammen praxisgerechte Variablen auszuwählen, Designs zu entwickeln und publikationswerte Ergebnisse zu erarbeiten (z. B. Baumeister, Caspar & Herziger, 2003). Als beispielhaft können hier die im Rahmen der von der US-amerikanischen ‚*Society for the Exploration of Psychotherapy Integration*' (SEPI) regelmäßig angebotenen ‚*research consultations*' angesehen werden, bei denen Praktiker darin unterstützt werden, durch systematisches Erfassen der Daten, die sie in ihrer Praxis laufend erzeugen, wiederum praxisrelevante Erkenntnisse zu gewinnen.

2.6 Schluss

Zusammenfassend können alternative Designs in der Psychotherapieforschung dazu beitragen, die externe Validität von Studien zu erhöhen – und damit den potenziellen Nutzen dieser Forschung für die Praxis.

Bei der Beurteilung des Ertrages (bzw. bei Forschungsanträgen: des potenziellen Ertrages) von Studien muss der wissenschaftliche Wert (d. h. der Beitrag zur Entwicklung verallgemeinerungsfähiger theoretischer Erkenntnisse und deren empirischer Basis) eines Vorhabens als notwendiges Kriterium gelten. Sofern dieses Kriterium gesichert ist, kann sich die Frage stellen, ob darüber hinaus der Klinische Nutzen von Vorhaben vergleichend beurteilt werden muss.

Wovon hängt in der Klinischen Forschung der Nutzen ab, auf welche Weise könnte dieser rational begründet und bewertet werden? Relevante Aspekte sind bei Klinischen Studien u. a.:

– Größe der betroffenen Gruppe (epidemiologische Zahlen),
– verursachte Kosten (Heilungskosten, Arbeitsausfall, Schädigung von Kindern und anderen betroffenen Personen),
– geringe spontane Heilung,
– bisher schlechte Behandlungsmöglichkeiten.

Teilweise können die Aspekte sich kompensieren: Der Nutzen weiterer Forschung kann für eine sehr verbreitete Störung geringer sein als für eine relativ seltene Störung, wenn für erstere bereits hochwirksame Behandlungsmethoden bekannt sind. Eine vergleichsweise geringe Effektstärkenerhöhung durch eine neue Methode kann sehr relevant sein, wenn es sich um eine Störung mit hohen Folgekosten handelt. Neue Modelle für insgesamt gut bekannte psychische Störungen können sehr nützlich sein, wenn sie erlauben, bisher schlecht erfasste, behandlungsrelevante Faktoren besser zu handhaben. Neue störungsunabhängige Trainingsformen für Psychotherapeuten können sehr nützlich sein, wenn letztere dadurch befähigt werden, vorliegendes empirisches Wissen besser zu nutzen, usw. Der Gesamtnutzen der Forschung zur Steigerung und Sicherstellung einer effizienten psychotherapeutischen Versorgung kann deutlich höher werden, wenn nicht allein der aus einer experimentell-methodischen, interne Validität betonenden Sicht vielleicht optimale ‚Gold Standard' Randomisierter Klinischer Studien bei der Konzeption und methodischen Umsetzung von Studien berücksichtigt wird.

3   Fazit

Die innere Validität von Forschungsansätzen und die experimentelle Ausrichtung bei Projekten, in denen Wirksamkeit kausal schlüssig belegt werden soll, sind für die Weiterentwicklung eines Fachgebietes sehr bedeutsam und sollten auch in der Klinischen Psychologie/Psychotherapie weitergeführt werden. Wenn sie einseitig im Vordergrund stehen, kann dies jedoch gravierende negative Nebenwirkungen gerade aus einer Nutzenperspektive haben. Vor allem in den USA wurde dies seit längerem erkannt und erfolgversprechende Bemühungen zur Kompensation und Ergänzung werden unternommen, die jedoch nicht einfach abgewartet, sondern aktiv aufgenommen werden sollten. In einer Situation, in der in Deutschland eine ‚Evidenzbasierung' auch für andere psychologische Anwendungsfächer erstrebenswert erscheint, ist zu hoffen, dass diese die im Bereich der Klinischen Psychologie gemachten Erfahrungen aufnehmen und von Anfang an dem Aspekt des Nutzens für die Alltagspraxis gebührend Rechnung tragen.

Literatur

Antes, G. (2003). *Evidenzbasierte Leitlinien zwischen Anspruch und Wirklichkeit.* Vortrag auf dem Kongress der Fachgruppe Klinische Psychologie und Psychotherapie der DGPs, Freiburg.

Barghaan, D., Watzke, B., Koch, U., Schulz, H. (2005). *Analyse von Ausgangs-, Prozess- und Outcomedaten von Rehabilitationsmaßnahmen der BfA für Patienten mit psychischen/psychosomatischen Störungen: Abschlussbericht.* Institut und Poliklinik für Medizinische Psychologie, Universität Hamburg.

Baumeister, H., Caspar, F. & Herziger, F. (2003). Therapieerfolgsstudie zum Stottertherapie/Sommercamp 2000 für Kinder und Jugendliche. *Psychotherapie, Psychosomatik, Medizinische Psychologie, 53,* 429–470.

Caspar, F. (1995). *Hypothesenbildungsprozesse in psychotherapeutischen Erstgesprächen. Probleme und Möglichkeiten des empirischen Zuganges.* Habilitationsschrift, Universität Bern.

Caspar, F. (1997). What goes on in a psychotherapist's mind? *Psychotherapy Research, 7,* 105–125.

Caspar, F. & Jacobi, F. (2004). Psychotherapieforschung. In W. Hiller, E. Leibing, F. Leichsenring & S. K. D. Sulz (Hrsg.), *Lehrbuch der Psychotherapie, Band 1: Grundlagen* (395–410). München: CIP Medien.

Castonguay, L. & Beutler, L. (Hrsg.). (2005). *Principles of therapeutic change that work.* New York: Oxford University Press.

Chambless, D. & Hollon, S.D. (1998). Defining empirically supported therapies. *Journal of Consulting and Clinical Psychology, 66,* 7–18.

Elliott, R. (1998). Editor's introduction: A guide to the empirically supported treatments controversy. *Psychotherapy Research, 8,* 115–125.

Grawe, K., Donati, R. & Bernauer, R. (1994). *Psychotherapie im Wandel von der Konfession zur Profession.* Göttingen: Hogrefe.

Grawe, K. (1999). Wie kann Psychotherapie noch wirksamer werden? *Verhaltenstherapie und Psychosoziale Praxis* (2), 185–199.

Grawe, K. (2002). Selektion aus natürlicher Variation. Eine Alternative zur experimentellen Forschungsstrategie zur Untersuchung nicht experimentell kontrollierbarer Variablen. In: *Tagung der Fachgruppe Klinische Psychologie, DGPs,* Konstanz.

Hahlweg, K. (1995). Zur Förderung und Verbreitung psychologischer Verfahren. Ein APA-Bericht. *Zeitschrift für Klinische Psychologie, 24,* 275–284.

Koch, U. (2003) „Psychotherapie in der Rehabilitation: Fakt oder Fiktion?". Vortrag am Kongress der Fachgruppe Klinische Psychologie, Freiburg.

Norcross, J. (Hrsg.). (2002). *Psychotherapy relationships that work.* New York: Oxford University Press.

Sackett, D. L. (1997): Was ist Evidenz-basierte Medizin und was nicht? *Münchener Medizinische Wochenschrift 139,* 44, 644–645.

Stiles, W.B., Honos-Webb, L. & Surko, M. (1998). Responsiveness in psychotherapy. *Clinical Psychology: Science and Practice, 5,* 439–458.

Anwendungsorientierte Grundlagenforschung in der Arbeits- und Organisationspsychologie

Dieter Zapf

Innerhalb der Arbeits- und Organisationspsychologie lassen sich Umsetzungsforschung (exemplarische Umsetzung von Erkenntnissen und Verfahren in Betrieben), anwendungsorientierte Forschung (Anwendung von Erkenntnissen und Verfahren auf spezifische Bereiche, die vorher noch nicht oder wenig untersucht wurden, z. B. psychische Belastungen bei Kranfahrern, psychische Belastungen im Bäckereigewerbe, psychische Belastungen in Call Centern) sowie anwendungsorientierte Grundlagenforschung unterscheiden (Entwicklung von Theorien, Konzepten und Methoden, z. B. transformationale Führung, Diversität in Gruppen oder Emotionsarbeit). Im folgenden soll auf einige Eigenheiten und Probleme der anwendungsorientierten Grundlagenforschung in der Arbeits- und Organisationspsychologie eingegangen werden. Forschung in der Arbeits- und Organisationspsychologie weist wie auch die anderer psychologischer Anwendungsfächer gegenüber den Grundlagenfächern einige Besonderheiten auf. Diese bestehen darin, dass man sich bei betrieblichen Untersuchungen mit gewissen Restriktionen von betrieblicher Seite auseinander setzen muss. Auf der anderen Seite unterstützen Betriebe die Projekte mit zum Teil nicht unerheblichen Mitteln.

1 Probleme der internen und externen Validität durch Restriktionen bei betrieblichen Untersuchungen

Einschlägige Lehrbücher zu Methoden in der Arbeits- und Organisationspsychologie (z. B. Bungard, 2004; Bungard, Holling & Schultz-Gambard, 1996; Bungard & Schultz-Gambard, 1999; Moser, 2004) setzen sich damit auseinander, dass man bei betrieblichen Untersuchungen nicht selten Kompromisse machen muss, was methodische Standards angeht. Ein Blick in Top-Journale zeigt beispielsweise, dass nur bei einem Teil der Studien tatsächlich eine repräsentative Stichprobe gezogen werden konnte. In der Literatur zur Evaluationsforschung (z. B. Wottawa & Thierau, 1998) wird ebenfalls ausführlich die Schwierigkeit diskutiert, experimentelle Designs in Organisationen zu realisieren und beispielsweise zu randomisieren. Mit folgenden Schwierigkeiten ist zu rechnen:

1.1 Gewährleistung von Anonymität

In der Regel bestehen Betriebe auf die Gewährleistung von Anonymität (meist die Arbeitnehmervertreter, oft aber auch die Unternehmensleitung). Dies führt manchmal dazu, dass bestimmte Personen, deren Anonymität aufgrund einer hervorgehobenen Position nicht gewährleistet werden kann, an der Untersuchung nicht teilnehmen (können) (Repräsentativitätsproblem). Damit verbunden ist oft, dass man zu bestimmten betrieblichen Datenbanken keinen Zugang hat und damit Daten, die zur Validierung benutzt werden könnten, nicht erhoben werden können.

1.2 Restriktionen durch die Arbeitsorganisation

Es gibt eine Reihe von betrieblichen Restriktionen, mit denen man sich als Untersucher abfinden muss und die den Forschungsprozess beeinträchtigen. So sind manchmal bestimmte Personen nicht abkömmlich, ständig unterwegs oder vollkommen überlastet. Personen in sicherheitsgefährdeten Bereichen sind überhaupt nur schwer zu kontaktieren. Untersucht werden können oft nur Personen, die verfügbar sind (Repräsentativitätsproblem). Die Untersuchungen (z. B. Arbeitsbeobachtungen) dürfen den betrieblichen Ablauf nicht stören und sind deshalb nicht überall möglich.

1.3 Die Inanspruchnahme betrieblicher Ressourcen ist begrenzt

Auch wenn Betriebe bereit sind, sich an Untersuchungen zu beteiligen, sind die zur Verfügung gestellten (meist zeitlichen) Ressourcen begrenzt. So können manchmal nicht alle befragt oder beobachtet werden (möglicherweise Repräsentativitätsproblem). Sehr häufig wird man damit konfrontiert, Befragungen, Interviews oder Beobachtungen sehr kurz zu halten, was bei den Untersuchungsinstrumenten in der Regel mit Reliabilitäts- und Validitätsproblemen einhergeht.

1.4 Kein Zugang zu problematischen Arbeitsplätzen

Aus verständlichen Gründen lassen es Betriebe oft nicht zu, dass problematische Aspekte der Organisation untersucht werden (z. B. Arbeitsplätze mit besonders hohen Belastungen, ,Mobbingfälle', Führungsschwächen, etc., ganz abzusehen von Korruption oder Sabotage als Forschungsthema) (Repräsentationsproblematik, Varianzeinschränkung).

1.5 Mikropolitische Auseinandersetzungen im Unternehmen (Bungard, 2004; Wottawa & Thierau, 1998)

Insbesondere in Phasen organisationaler Veränderungen ist der Zugang zu Betrieben sehr schwierig. Nicht selten gerät man in betriebliche Auseinandersetzungen. So kann es passieren, dass der Betriebsrat des Unternehmens versucht, sich bei der Anonymitätsfrage zu profilieren und dadurch das angestrebte Untersuchungsdesign zunichte macht, weil er entscheidende Aspekte der geplanten Untersuchung nicht zulassen will. Oder die einzelnen Gruppierungen wollen Untersuchungsergebnisse für sich in Anspruch nehmen und versuchen, die Forscher auf ihre Seite zu bringen, was wiederholte Datenerhebungen gefährdet.

1.6 Mangelnde Einsicht in die Notwendigkeit aufwändiger Methoden

Nur in wenigen Fällen hat man es bei betrieblichen Untersuchungen mit Personen zu tun, die mit sozialwissenschaftlichen und speziell quasi-experimentellen Forschungsmethoden vertraut sind. Aufwändige Kontrollgruppendesigns und ähnliche Dinge sind deshalb schwierig zu realisieren und die Notwendigkeit mehrerer Kontrollgruppen wird nicht notwendigerweise eingesehen. Auch ist die Bereitschaft beschränkt, sich innerhalb kurzer Zeit im Rahmen von Längsschnittdesigns mehrmals untersuchen zu lassen und immer die gleichen Fragen zu beantworten.

1.7 Konfundierung von Untersuchungsgruppen

Bei quasi-experimentellen Designs besteht manchmal das Problem, dass Experimentalgruppe(n) und Kontrollgruppe(n) nicht hundertprozentig voneinander abgeschottet werden können und Teile der Kontrollgruppe(n) mit vom *treatment* beeinflusst werden. Dies liegt daran, weil Kommunikation zwischen den Mitarbeitern kaum unterbunden werden kann und Dinge übernommen werden, die sinnvoll und nützlich erscheinen.

Die Schwierigkeit besteht nun darin, dass man die Ansprüche an Methodenstandards nicht so ohne weiteres aufgeben kann, da die Interpretationsfähigkeit der Ergebnisse dadurch ja zusehends in Frage gestellt werden und die Ergebnisse auch nicht mehr in anspruchsvollen Zeitschriften publiziert werden können, dass andererseits aber das rigorose Insistieren auf hohe methodische Standards viele Projekte aus dem Anwendungsbereich von vorn herein unmöglich macht. Die Literatur zur Evaluationsforschung (z. B. Wottawa & Thierau, 1998) und zu quasi-experimentellen Designs (Cook & Campbell, 1979; siehe auch Bungard et al., 1996; Moser, 2004) setzt sich mit unterschiedlich anspruchsvollen Designs auseinander (von einfachen Vorher-Nachher-Messungen bis hin zu anspruchsvollen Kontrollgruppen-Designs). Letztendlich steht jeder Forscher – und damit auch Antragsteller und Gutachter von Forschungsprojekten – vor der Aufgabe einzuschätzen, was in der jeweiligen Situation realisierbar ist und unbedingt verlangt werden sollte. Dies verlangt letztendlich praktische Forschungserfahrung in den jeweiligen Forschungsbereichen. Dies ist sicherlich ein Bereich, in dem es gelegentlich zu Spannungen zwischen Grundlagen- und Anwendungswissenschaftlern kommt, und man kann annehmen, dass Grundlagenforscher eher die interne und Anwendungsforscher eher die externe Validität einer Untersuchung in Blick haben.

Die Erfahrung mit Zeitschriften zeigt, dass die methodischen Anforderungen umso rigoroser sind, je etablierter der Forschungsgegenstand ist. Von daher ist es eine Orientierungshilfe für die Planung von Projekten und deren Begutachtung, ob die zu erwartenden Projektergebnisse in einer guten internationalen Zeitschrift prinzipiell publizierbar wären. Dies erfordert eine gewisse Vertrautheit mit den jeweiligen Forschungsbereichen und der Publikationspraxis der jeweiligen Zeitschriften.

Einige Hinweise für Mindeststandards bekommt man aus den ‚editorial letters' guter internationaler Zeitschriften. Beispielsweise ist den ‚editorial letters' des Journal of Applied Psychology oder des Journal of Occupational and Organizational Psychology zu entnehmen, dass einfache Querschnittsstudien, die ausschließlich auf Befragung beruhen, nur in Ausnahmenfällen (besonders innovativ, methodisch besonders anspruchsvolle Datenanalyse) akzeptiert werden. Andere Zeitschriften (z. B. Human Relations, European Journal of Work and Organizational Psychology) weisen darauf hin, dass Studien, die ausschließlich auf Studierendenstichproben beruhen (aber Aussagen über die arbeitende Bevölkerung machen wollen), in der Regel nicht akzeptiert werden. Als Orientierungspunkte wird man vielleicht festhalten können, dass Forschungsdesigns wie

– rein auf Befragung beruhende Querschnittsuntersuchungen,
– Untersuchungen an Studierenden, die Aussagen über betriebliche Phänomene machen wollen, und
– quasi-experimentelle Studien ohne Kontrollgruppen

einer besonderen Begründung bedürfen, warum methodisch bessere Designs nicht realisierbar waren.

2 Unternehmen als Ko-Produzenten von Forschung: eine zusätzliche Anforderung bei Projekten in Organisationen

Untersuchungen in Betrieben verlangen nicht nur eine Reihe von Kompromissen, was die methodische Rigorosität angeht; man steht auch vor dem Problem, dass die Untersuchungspartner oft nicht unerhebliche Beiträge leisten müssen, damit eine Untersuchung durchgeführt werden kann.

Beispiel:
In einem 2-jährigen Projekt mit einer halben Mitarbeiterstelle soll u.a. eine Erhebung an 500 Mitarbeitern in einem größeren Unternehmen durchgeführt werden. Das Projekt wird von der DFG mit ca. 75.000 € gefördert. Das Unternehmen erklärt sich bereit, dass auf einer Betriebsversammlung über dieses Projekt informiert wird und dass die Mitarbeiter einen umfangreichen Fragebogen während der Arbeitszeit ausfüllen dürfen, was pro Mitarbeiter zu einem Gesamtaufwand von 2 Std. führt. Pro Std. entstehen Lohnkosten von 20 €. Daraus ergeben sich Gesamtkosten von 20.000 €. Eine Reihe weiterer Termine mit verschiedenen Führungskräften und Betriebsrat führt zu weiteren Kosten von 5.000 €, was für das Unternehmen zu Gesamtkosten von 25.000 € führt, also einem Drittel der Fördersumme des Projektes. Es versteht sich von selbst, dass das Unternehmen für die investierte Summe etwas erwartet und dass auch die Forscher sich zu einer Art Gegenleistung verpflichtet fühlen (nicht zuletzt deshalb,

weil man ja vielleicht zu einem späteren Zeitpunkt wieder einmal mit diesem Unternehmen zusammen arbeiten und letztendlich auch in den Unternehmen eine gewisse Reputation aufbauen möchte). Diese Gegenleistung besteht meist in einer praxisorientierten Rückmeldung der Ergebnisse, was mit zusätzlichen Auswertungen und Berichten einhergeht, die mit der eigentlichen Forschungsfragestellung nicht notwendigerweise etwas zu tun haben müssen.

Die Situation verschärft sich, wenn beispielsweise im Rahmen eines Längsschnittprojektes die Mitarbeit des Unternehmens (Unternehmensleitung, Betriebsrat, Mitarbeiter) über zwei Jahre sichergestellt werden muss. Hierbei müssen in der Regel erhebliche Anstrengungen unternommen werden, um die Untersuchungsteilnehmer ‚bei der Stange zu halten'.

Man kann zusammenfassend festhalten, dass bei jeder Untersuchung in einem Betrieb überlegt werden muss, wie – und das heißt auch: mit welchen Aufwendungen – die Mitarbeit eines Unternehmens gewonnen werden kann. Für diese Mitarbeit müssen zeitliche und finanzielle Ressourcen eingeplant werden.

3 Charakteristika von Grundlagenforschung in der Arbeits- und Organisationspsychologie

In den Anwendungsfächern – und damit auch in der Arbeits- und Organisationspsychologie – gibt es eine eigenständige Grundlagenforschung vergleichbar der in den Grundlagenfächern, in der theoretische Konzepte entwickelt werden. Ein wesentliche Differenz besteht jedoch darin, dass in den Grundlagenfächern entweder kontextfrei oder mit sehr allgemeinen Kontexten gearbeitet wird (z. B. zu Führung oder Arbeitsgruppe), während sich die Anwendungsfächer mit spezifischeren Kontexten auseinandersetzen und Konstrukte untersuchen, die ohne diesen spezifischen Kontext wenig Sinn machen (z. B. sind teilautonome Arbeitsgruppe, transformationale Führung spezifische Phänomene in Wirtschaftsorganisationen). Die Allgemeine Psychologie kann z. B. eine allgemeine Theorie des Handelns erarbeiten, die Arbeitspsychologie eine allgemeine Theorie des Arbeitshandelns (Hacker, 1998). Durch die Tatsache, dass Arbeitshandeln in Organisationen unter spezifischen Restriktionen stattfindet, ergeben sich eine Reihe zusätzlicher konzeptioneller Gesichtspunkte, die man bei einer allgemeinen Theorie des Handelns so vielleicht nicht beachten würde, etc. Bestimmte Konzepte wie z. B. ‚Arbeitszufriedenheit' machen nur im angewandten Kontext Sinn. Die Frage, ob Arbeitszufriedenheit und deren Operationalisierungen Persönlichkeitsanteile beinhalten oder ein ausschließlicher Reflex auf die Arbeitsituation ist, wird man genau so untersuchen können wie eine Fragestellung aus dem Grundlagenbereich der Persönlichkeitspsychologie. Bei der Einschätzung der theoretischen Relevanz sollte es keine Unterschiede geben. Durch die Kontextspezifität sind die entsprechenden Befunde weniger abstrakt und haben einen eingeschränkten Geltungsbereich (eben auf den untersuchten Kontext), dafür sind sie eher auf die konkrete Praxis anwendbar.

In der Arbeits- und Organisationspsychologie kann wie in der Grundlagenforschung ein (rein) wissenschaftliches Interesse bestehen, Theorien, Konzepte oder Methoden weiterzuentwickeln. Nicht selten jedoch ist die Forschung nutzeninspi-

riert, d. h. theoretische Konzepte werden gezielt (weiter-)entwickelt, um damit praktische Probleme lösen zu können.

Aus dem Anwendungsbezug der Konzepte ergibt sich in der Regel, dass sie
mindestens zum Teil in diesem Anwendungskontext zur Sicherstellung der externen
Validität untersucht werden müssen (d. h. z. B. Datenerhebung nicht nur im Labor,
sondern auch am Arbeitsplatz bzw. in einer Organisation. Man kann sich sehr wohl
laborexperimentelle Untersuchungen zur Arbeitszufriedenheit vorstellen. Für die Ar-
beits- und Organisationspsychologen wäre es aber wahrscheinlich unvorstellbar, Ar-
beitszufriedenheitsforschung ausschließlich laborexperimentell betreiben zu wollen).

Beispiel: Das Konzept Emotionsarbeit („Emotional Labour')
Emotionsarbeit wird typischerweise definiert als die bezahlte Arbeit, bei der eine Re-
gulation der eigenen Gefühle erforderlich ist, um nach außen in Mimik, Stimme und
Gestik ein bestimmtes Gefühl zum Ausdruck zu bringen, unabhängig davon, ob dies
mit den inneren Empfindungen übereinstimmt oder nicht. Dieses Konzept wurde
Ende der Siebziger Jahre von der Soziologin Arlie Hochschild (1983) auf der Grundlage qualitativer Forschung an Flugbegleiterinnen eingeführt. Ergebnisse aus der
Grundlagenforschung standen nur spärlich zur Verfügung, da insbesondere in der
Emotionsforschung der gezielte Emotionsausdruck kein eigenständiges Forschungsthema war. In späteren Arbeiten (z. B. Rafaeli & Sutton, 1987) wurden die für die Angewandte Psychologie typischen *framework*-Modelle aufgestellt, um das Forschungs-
feld zu organisieren. Weiterentwicklungen erfolgten, indem unterschiedliche Anwendungsperspektiven, z. B. die der Arbeitsanalyse auf das Konzept angewandt wurden
(z. B. Zapf, 2002). Wesentliche Fortschritte konnten erzielt werden, indem psychologische Konzepte zur Emotionsregulation (Gross, 1999) in das *emotional labour'*-Kon-
zept integriert wurden (Grandey, 2000). Die nachfolgend beschriebene Entwicklung
des Forschungsgebiets ist in der Arbeits- und Organisationspsychologie oft zu beobachten:

- Untersuchung eines praktisch bedeutsamen und interessanten Phänomens (z. B.
  Emotionsarbeit als spezifische Arbeitsanforderung bei Flugbegleiter/innen mit ne-
  gativen Auswirkungen auf die Gesundheit) mit qualitativen Methoden (Hoch-
  schild, 1983).
- Einfache Replikations-Studien mit quantitativen Methoden, z. B. einmalige Befragungen (z. B. Adelmann, 1995 zu den belastenden Aspekten von Emotionsarbeit).
- Konzeption von *framework*-Modellen (z. B. Morris & Feldman, 1996). Nach einer
  Phase mehr oder weniger lose verbundener Einzelstudien finden konzeptionelle
  Artikel eine besondere Aufmerksamkeit, welche die empirischen Phänomene systematisch darstellen und weiterentwickeln (*framework*-Modell deshalb, weil nicht
  alle Teile des Modells empirisch überprüft oder so formuliert sind, dass sie überhaupt sinnvoll empirisch überprüft werden könnten).
- Umfangreichere quantitativ empirische Studien mit meist aufwändigerem Design
  orientiert an den *framework*-Modellen. Typisch für solche Studien ist, dass empirisch meist mehr erfasst wird, als anfangs hypothetisch überprüft werden soll. Kon-
  zeptionell hat man so die Möglichkeit, explorativ vorzugehen und weitere Variablen in die *framework*-Modelle einzubeziehen. Aus einsichtigen praktischen

Gründen kann man die aufwändigen Untersuchungen nicht ohne weiteres in leicht veränderter und erweiterter Form noch einmal durchführen, wie es in der labor-experimentellen Forschung oft der Fall ist.

– Systematischer Einbezug von Grundlagen-Theorien (z. B. das Aufgreifen der Theorie zur Emotionsregulation von Gross, 1998, 1999 durch Grandey, 2000). Typisch ist, dass oft erst im Nachhinein weitere Grundlagen-Theorien herangezogen werden. Dies liegt u. a. an dem bekannten Phänomen, dass in unterschiedlichen Forschungsbereichen ähnliche Dinge mit unterschiedlichen Begriffen belegt werden.

– Rückwirkung in die Grundlagenforschung. Nicht selten kommt es zu Rückwirkungen in die Grundlagenforschung, weil zum einen ein Interesse im Anwendungsbereich das (vielleicht geringe oder abgeflachte) Interesse an einem bestimmten Grundlagenbereich neu stimuliert und zum anderen manchmal neue Paradigmen zur Verfügung gestellt werden, die sich gut für die experimentelle Forschung eignen. Beispielsweise hat man auf *display rules* (Regeln, welches Gefühl in welcher Situation gezeigt werden soll) im Dienstleistungsbereich weniger Einfluss als auf solche im Privatleben oder innerhalb einer Organisation. Von Versuchsteilnehmern zu verlangen, eine *display rule* immer zu verfolgen, ist in diesem Kontext deshalb glaubwürdiger und gibt ein ‚klareres' *treatment* für experimentelle Studien.

4   Fazit

Insgesamt wird man zu dem Schluss kommen müssen, dass es für die Bewertung empirischer Studien im Anwendungsbereich keine Patentlösungen gibt und dass die Gutachter – möglichst aufgrund eigener Forschungs- und Gutachtererfahrung in internationalen Zeitschriften – abwägen müssen, was für eine bestimmte Forschungsfragestellung an methodischen Rigorismus in der Praxis realisierbar ist und was im jeweiligen Kontext trotz aller praktischer Schwierigkeiten realisiert werden muss, um Forschungsergebnisse adäquat publizieren zu können. Dabei ist zu beachten, dass bei betrieblichen Untersuchung bedacht werden muss, wie – und das heißt auch: mit welchen Aufwendungen – die Mitarbeit eines Unternehmens gewonnen werden kann. Für diese Mitarbeit müssen zeitliche und finanzielle Ressourcen eingeplant werden.

Literatur

Adelmann, P. K. (1995). Emotional labor as a potential source of job stress. In: S. L. Sauter, & L. R. Murphy (Hrsg.), *Organizational risk factors for job stress* (371–381). Washington, DC: American Psychological Association.

Bungard, W. (2004). Organisationspsychologische Forschung im Anwendungsfeld. In: H. Schuler (Hrsg.), *Lehrbuch Organisationspsychologie* (3. Aufl., 121–141). Bern: Huber.

Bungard, W., Holling, H., & Schultz-Gambard, J. (1996). *Methoden der Arbeits- und Organisationspsychologie*. Weinheim: Psychologie Verlags Union.

Bungard, W., & Schultz-Gambard, J. (1999). Zur Methodik der Arbeits- und Organisationspsychologie. In C. Graf Hoyos, & D. Frey (Hrsg.), *Arbeits- & Organisationspsychologie. Ein Lehrbuch* (611–630). Weinheim: Psychologie Verlags Union.

Cook, T. D., Campbell, D. T. (1979). *Quasi-experimentation. Design and analysis for field settings*. Boston: Houghton Mifflin Company.

Grandey, A. A. (2000). Emotion regulation in the workplace: A new way to conceptualize emotional labor. *Journal of Occupational Health Psychology, 5*, 95–110.

Gross, J. J. (1998). Antecedent- and response-focused emotion regulation: Divergent consequences for experience, expression, and physiology. *Journal of Personality and Social Psychology, 74*, 224–237.

Gross, J. J. (1999). Emotion and emotion regulation. In: L. A. Pervin & O. P. John (Hrsg.), *Handbook of personality: Theory and research* (2nd ed., 525–552). New York: The Guilford Press.

Hacker, W. (1998). *Allgemeine Arbeitspsychologie. Psychische Regulation von Arbeitstätigkeiten*. Bern: Huber (4. Aufl.).

Hochschild, A. R. (1983). *The managed heart*. Berkley: University of California Press.

Morris, J. A., & Feldman, D. C. (1996). The dimensions, antecedents, and consequences of emotional labor. *Academy of Management Review, 21*, 986–1010.

Moser, K. (2004). Planung und Durchführung organisationspsychologischer Forschung. In: H. Schuler (Hrsg.), *Lehrbuch Organisationspsychologie* (3. Aufl., 89–119). Bern: Huber.

Rafaeli, A., & Sutton, R. I. (1987). Expression of emotion as part of the work role. *Academy of Management Review, 12*, 23–37.

Wottawa, H., & Thierau, H. (1998). *Lehrbuch Evaluation* (2. Aufl.). Bern: Huber.

Zapf, D. (2002). Emotion work and psychological strain. A review of the literature and some conceptual considerations. *Human Resource Management Review, 12*, 237–268.

Verbindung von Erkenntnis- und Nutzeninteresse am Beispiel eines Forschungsprojektes aus der angewandten Kognitionspsychologie

Friedrich W. Hesse und Carmen Zahn

An einem Beispiel aus der angewandten Kognitionspsychologie wird diskutiert, wie ein zweidimensionales Forschungsmodell, in dem Erkenntnisinteresse und Nutzungsinteresse als unabhängige Faktoren gesehen werden, in der Forschungspraxis umgesetzt werden kann: Vorgestellt wird das Projekt ‚Hypervideo – Design und Nutzung audiovisueller Hypermedien für die Wissenskommunikation'. Das Projekt hat sich seit 1999 am Institut für Wissensmedien (IWM) Tübingen etabliert und wird in Kooperation mit dem Zentrum für grafische Datenverarbeitung (ZGDV e.V.) in Darmstadt interdisziplinär realisiert.

Übergeordnete Projektziele: Projektziel ist die Entwicklung adäquater Designs für audiovisuelle Hypermedien und die Erforschung von Grundfragen zum individuellen und kooperativen Wissenserwerb[1] mit digitalen Videotechnologien.

Projekthintergrund: Basis der Forschungsarbeit ist die Annahme, dass neue *e-learning*-Technologien nicht nur gesellschaftlich-soziale Bedürfnisse im Rahmen bestehender Lern- und Bildungsparadigmen erfüllen, sondern umgekehrt auch selbst eine (mehr oder weniger radikale) Neudefinition der ‚Bildungs'- und Wissenskommunikationskultur bewirken können, weil sie das Spektrum unserer Verhaltensmöglichkeiten verändern (Pea, 1985; Beichner, 1994). So bringen die variantenreichen multimedialen Präsentationsformen (interaktive Animationen und Videos, Simulationen, Hypermedien, virtuelle Welten) neue Konventionen der visuellen Informationsdarstellung hervor und erlauben damit gleichzeitig neue visuelle Nutzungs- und Ausdrucksformen in den Lernmedien bis hin zu neu geschaffenen ‚visuellen' Lernszenarien.

Forschungsgegenstand: Als Forschungsgegenstand wurde die Wissenskommunikation mit audiovisuellen Hypermedien (‚Hypervideo') gewählt (vgl. Zahn, 2003). Hypervideo-Technologien erlauben es, digitale Videos nicht-linear zu strukturieren und mit grafischen Hyperlinks auszustatten, so dass Nutzer(innen) zu einem Video/ Film zusätzliche Informationen aufrufen (oder auch selbst hinzufügen) können. Die-

---

1 Der Begriff ‚Wissen' bezieht sich in diesem Kontext nicht auf wissenschaftliche Erkenntnis oder Forschungswissen, sondern auf den Wissenserwerb im Sinn pädagogisch-psychologischer Zielsetzungen im Lernprozess.

ses neue Prinzip der (audio)visuellen und nicht-linearen Mediengestaltung birgt (zumindest theoretisch) auch besondere Potenziale für pädagogisch-psychologische Kontexte: Neue Lernaufgaben und neue Lernaktivitäten (wie etwa das direkte Annotieren filmischen Materials) werden möglich, die zur verbesserten Elaboration, Bewertung, Speicherung und zu Transfererleichtungen von Lerninhalten führen können. Eine Verwendung solcher neuer Lernaufgaben in Lernsituationen (z. B. Schulunterricht, Hochschulseminare) bedingt dann ihrerseits wiederum spezifische technologische Innovationen (z. B. eine Nutzung von Hypervideos auch für die ‚virtuelle‘ Zusammenarbeit).

Forschungsstrategie: Die im letzten Ansatz beschriebenen komplexen Wechselspiele zwischen Technologieentwicklung und pädagogisch-psychologischer Praxis bedürfen einer Forschungsstrategie, die sich durch entsprechende Wechselwirkungen zwischen Technologie-Forschung bzw. deren Anwendung auf Lernkontexte *einerseits* und Interaktionen zwischen technologischem und kognitionspsychologisch-pädagogischem Erkenntnisgewinn *andererseits* auszeichnen. Ein unidimensionales Vorgehen nach dem Kaskadenmodell erscheint kaum möglich und noch weniger sinnvoll, da sowohl Grundlagen- als auch Anwendungsperspektiven zusammen treffen – und dies auf interdisziplinärer Ebene. Entsprechend werden Forschungsarbeiten, die diesem Ansatz folgen, nicht mehr nur den klassischen methodischen Vorgaben (z. B. Experiment mit theoriegeleiteten Hypothesen) folgen können. Sie sind mehrdimensional angelegt und laufen eher dynamisch und in Phasen ab. Dies beinhaltet die Chance, dass anwendungsrelevante Fragen untersucht werden und damit die Nützlichkeit gefundener Grundlagen-Ergebnisse für die Praxis wahrscheinlicher wird. Aber die besondere Problematik der beschriebenen Forschungsstrategie besteht zum einen in dem problematischen ‚*trade-off*‘ zwischen interner und externer Validität, zum anderen ist der Zeitfaktor nicht zu vernachlässigen, denn: Die Wechselspiele zwischen technologischer und psychologisch-pädagogischer Forschung im Spannungsfeld von Grundlagenforschung und Anwendungsnähe sind nur in längerfristigen Forschungsprogrammen wirklich realisierbar. Wie ein solches längerfristiges Forschungsprogramm aussehen kann, werden wir nun mit der Beschreibung des Projektverlaufs ‚Hypervideo‘ zeigen.

Projektverlauf: Das Hypervideo-Projekt besteht bislang aus vier Phasen:
- 1. Phase der technologie-inspirierten epistemischen Forschung zum individuellen Lernen mit Hypervideos
- 2. Phase der forschungs-inspirierten Weiterentwicklung der Hypervideo-Technologie für den kooperativen Wissenserwerb
- 3. Phase der nutzungs-inspirierten Erweiterung pädagogisch-psychologischer Praxis des kooperativen Lernens an der Hochschule und
- 4. Phase der nutzungs-inspirierten Weiterentwicklung und epistemischen Erforschung der ‚kollaborativen‘ Hypervideo-Ideen

In der *ersten Projektphase* stand zunächst ‚Hypervideo‘ – ein Ergebnis informationstechnologischer ‚epistemischer‘ Forschung – im Vordergrund. Es handelte sich dabei um eine spezielle Hypervideo-Technologie (vgl. Finke, 2000), die zunächst aus reinem Erkenntnisinteresse, später als ‚Option für multiple Zwecke‘ entwickelt worden war, noch ohne Blick auf pädagogische oder kognitionspsychologische Anwendungsziele. Offene Fragen seitens der Informatik betrafen potenzielle Anwendungsmöglichkeiten und Hypervideo-Designentscheidungen für solche konkreten Anwendungsszenarien. Diese Fragen konnten durch kognitionspsychologische Analysen und Ergebnisse teilweise beantwortet, teilweise spezifiziert und damit überprüfbar gemacht werden (Ergebnisse psychologischer epistemischer Forschung). Es wurden konkrete Nutzungsszenarien zum *Lernen* mit Hypervideos entwickelt, und mit Hilfe von Modellen zum Lernen mit Multimedia und Hypermedien Erfahrungswerte zu möglichen Hypervideo-Designs eingeholt. Die besondere Schwierigkeit hierbei: Allgemeinpsychologische Theorien, die einzelne kognitive Prozesse gezielt adressieren (z. B. duale Kodierung, Paivio, 1986), wurden zwar als Anknüpfungspunkte für die empirische Arbeit herangezogen, waren aber nicht immer in experimentell überprüfbare Hypothesen überführbar, weil der Erklärungsabstand zwischen singulären kognitiven Abläufen und der facettenreichen Lernsituation beim Lernen mit komplexen Hypervideos zu groß war. Anwendungsnähere Multimedia-Theorien (wie etwa Richard Mayers *cognitive theory of multimedia learning*, 1997, oder John Swellers *cognitive load theory*, 1993) beziehen sich dagegen zwar auf komplexe Medien bzw. Lernsituationen, ließen aber im Fall von Hypervideo kaum Hypothesen zu den spezifischen kognitiven Prozessen beim Wissenserwerb zu. So musste das Projekt zunächst mit dem ‚Handicap‘ eines relativen Theoriedefizits durchgeführt werden.

Im konkreten Vorgehen wurden die Ergebnisse der theoretischen Analysen durch explorative Forschungen ‚unterfüttert‘, sodass schließlich Hypothesen zu Hypervideo-Designvarianten und ihrem Einfluss auf Nutzung und Lerneffektivität generiert werden konnten.

In zwei Lernexperimenten wurden die Wechselwirkungen zwischen zentralen Eigenschaften der nicht-linearen Informationsstruktur ‚Hypervideo‘ und den aktiven kognitiven Prozessen beim hypermedialen Lernen untersucht. Die erste Untersuchung adressierte Hypervideo-Design als Gestaltungsaufgabe (Zahn, Schwan & Barquero, 2002). Die Ergebnisse zeigen, dass von verschiedenen ‚Designern‘ mit unterschiedlichem fachlichem Hintergrundwissen übereinstimmende Designstrategien für die Gestaltung einer Hypervideo-Lernumgebung entwickelt und angewandt wurden. Es zeigte sich weiter, dass diese Designstrategien mit den Bedürfnissen potenzieller Mediennutzer/-innen hoch kompatibel sind. Als ‚Beiprodukt‘ dieser Studie entstand ein Katalog von vorläufigen Designprinzipien für Hypervideos als Grundlage für ein zweites Lernexperiment. Die Ergebnisse der zweiten Studie zum individuellen Lernen mit vier verschiedenen Hypervideo-Designvarianten zeigten, dass sich weniger einheitliche Effekte aus verschiedenen Designvarianten beobachten lassen, als Effekte einer erfolgreichen individuell unterschiedlichen Nutzung der angebotenen Freiheitsgrade des interaktiven Mediums (vgl. Zahn, Barquero & Schwan, 2004): Die erfolgreichen Personen lasen beispielsweise die angebotenen *links* öfter und länger und nutzten beim Betrachten der Videos häufiger die ‚*rewind*‘-Taste, um sich Videoinformationen wiederholt anzuschauen, als weniger erfolgreiche Lerner.

Aus den Ergebnissen wird deutlich, dass das Lernen mit Hypervideo-Strukturen ein komplexes Zusammenspiel verschiedener Einflussfaktoren und deren Interaktion (z. B. von Designvariablen und Nutzerhandlungen) ist. Und zugleich ein methodisches Diemma: Um die Einflüsse und Interaktionen methodisch sauber nachweisen zu können, müsste man im Experiment die Freiheit von Hypervideo-Nutzern extrem kontrollieren (interne Validität). Möchte man beispielsweise Hypervideo-Designeffekte isolieren, müsste man gleichzeitig Interaktivität und Nutzerfreiheit unterdrücken, da hierdurch mögliche Designeffekte überdeckt werden könnten. Andererseits konstituieren aber gerade die Interaktivität und Nutzerfreiheit den potenziellen Mehrwert von Hypervideos für den Wissenserwerb – ebenso wie die hohe Komplexität des Mediums. Im Sinne externer Validität macht es daher keinen Sinn, diese Komponenten aus einer experimentellen Forschung auszuschließen, denn das würde dazu führen, dass man nicht mehr das Lernen mit Hypervideos untersucht. Die Lösung solcher Probleme liegt in einem ,*trade-off*‘, der situationsspezifischer Entscheidungen bedarf. Hier wurde zugunsten externer Validität entschieden.

In der *zweiten Projektphase* stand (auf Basis der Ergebnisse aus Phase I) die pädagogisch-psychologische Frage im Vordergrund, ob der Nutzung von Hypervideostrukturen im Lehr-Lernkontext nicht ein erweiterter Interaktivitätsbegriff, der auch Möglichkeiten für eine eigenständige Annotierung und Kommunikation durch Nutzer(inn)en vorsieht, zugrunde zu legen sei. Dieser erweiterte Interaktivitätsbegriff ist im Wesentlichen durch konstruktivistische Grundannahmen der Pädagogik und pädagogischen Psychologie (Ergebnis epistemischer psychologisch-pädagogischer Forschung) inspiriert, wie sie etwa in den Forschungsarbeiten der CSCL (,*Computer Supported Collaborative Learning*‘)-Community zum Ausdruck kommen. Entsprechend wurde im ,Hypervideo‘-Projekt ein neues Technologie-Konzept für den *kooperativen* und *aktiven* Wissenserwerb entwickelt. Dieses Konzept beruht auf der Idee von Hypervideos als ,dynamischem Informationsraum‘ (vgl. Zahn & Finke, 2003), in dem Nutzer(innen) sowohl fremdes Wissen erwerben als auch ihr eigenes Wissen kommunizieren können. Die Kommunikation des eigenen Wissens erfolgt in der technischen Realisierung einerseits über das Einfügen eigener Links in Videos (d. h. Erweiterung des Informationsraums für sich und andere) und andererseits über die netzbasierte Kommunikation zwischen Lernpartnern (d. h. Diskussion der Wissensinhalte und Organisation des Lernprozesses). Mit der technischen Realisierung der genannten Grundideen entstand eine neue Software inklusive der verschiedenen Funktionen für neue Lernaufgaben, die das selbstständige Gestalten von Hypervideos durch Lernende erlauben. Offene Fragen betrafen dann vor allem die Problematik der Strukturierung solch komplexer Lernaufgaben und ihre Einbettung in ein konkretes Unterrichtsgeschehen.

In *Phase drei* wurden diese Ideen und Fragen aus der zweiten Projektphase für den Anwendungsfall ,Hochschulseminare‘ untersucht. Es wurde davon ausgegangen, dass das kooperative Hypervideo-Design als komplexe Problemstellung auf kognitiver, metakognitiver und sozialer Ebene einen aktiven Wissenserwerb in einem Hochschulseminar fördern kann (,*learning by collaborative hypervideo-design*‘, Stahl, Zahn & Finke, 2005). Die kooperative Konstruktion von Hypervideos durch Studierende wurde als Lernmethode verwendet, im Rahmen einer Lehrkooperation der Universitäten Münster und Linz erstellten Studierende der Psychologie Hypervideos zu verschiedenen Seminarthemen. In die entsprechenden Seminare flossen auch die empirisch untersuchten Designstrategien, die sich aus der ersten Projektphase herauskristallisiert hatten, als ,Leitfaden‘ für die Konzeption und Gestaltung von Hypervideo-Strukturen in Lerngruppen wieder ein. Das kooperative Lehrprojekt wurde

durch Befragung von Studierenden und anhand der entstandenen Hypervideos evaluiert. Am Beispiel dieses Lehrprojekts sollte aufgezeigt werden, wie Forschungsergebnisse aus der epistemischen Forschung in der Hochschullehre umgesetzt werden können und welche Fragestellungen sich aus der Praxis rückwirkend für die
weitere empirische Forschung zum kooperativen Wissenserwerb mit Hypervideos ergeben. Diese Projektphase ist noch nicht abgeschlossen, weitere ähnliche Lehrpro-
jekte werden zurzeit in Kooperation mit der Universität Münster durchgeführt und
evaluiert. Als Beiprodukt dieser Phase ergeben sich ständig Verbesserungsvorschläge
für die verwendete Technologie und Software aus der Lehr-Praxis, die im Rahmen
von Forschungsarbeiten am Zentrum für Grafische Datenverarbeitung realisiert und
in das bestehende System integriert werden.

Die *vierte Projektphase* läuft gerade an und ist – ähnlich wie Phase drei – geprägt vom Ansatz des *,learning by collaborative hypervideo-design'*. D. h. die Ge-
staltungsspielräume (aus der CSCL-Perspektive würde man hier von *,perceived affor-
dances' sprechen*), die kollaborative Hypervideo-Technologien bereitstellen, werden
dahingehend untersucht, wie sie die Interaktionen von Lernenden beeinflussen oder
steuern. Im Gegensatz zur dritten Phase ist diese Phase jedoch durch eine Rückorien-
tierung zur epistemischen Forschung gekennzeichnet. Unterschiedliche Lernvorraus-
setzungen in Gruppen (z. B. rhetorisches Wissen, *,literacy'*), verschiedene Technolo-
gie-Komponenten (z. B. dynamische Hyperlinks, *chat-tools*) und instruktionale Randbedingungen (z. B. angeleitetes selbstreguliertes Lernen in der Gruppe) werden systematisch im Experiment erforscht. Als abhängige Maße interessieren vor allem die
Auswirkungen auf das inhaltliche Lernen und auf den Kompetenzerwerb. Das neue
Forschungsvorhaben wird im Rahmen einer Kooperation des Instituts für Wissensmedien, der Universität Mannheim und des Stanford Center for Innovations in Learning
(SCIL) an der Stanford University, USA, realisiert. Geplant ist ein gemeinsames For-
schungsprojekt *,Film as a Database for Learning'* mit zwei verschiedenen Hypervideo-
Technologien und verschiedenen kognitiven Vorraussetzungen (rhetorisches Wissen)
als Hauptvariablen.

Fazit

Aus der Projektdarstellung wird deutlich, dass dieser Forschungsverlauf nicht mit
einer kurzfristigen Perspektive hätte umgesetzt werden können. Vielmehr handelt es
sich um ein längerfristiges Forschungsprogramm, das interdisziplinär angelegt ist, sodass in verschiedenen Projektphasen verschiedene Aspekte (Technologieentwicklung,
Grundlagenforschung, Anwendung) fokussiert werden können und müssen. Diese
Aspekte werden nicht isoliert, sondern bereits mit Blick auf die jeweils anderen
Aspekte untersucht und können durch den zyklischen Verlauf der Forschung stets neu
integriert werden. Probleme hierbei sind – ähnlich wie bei Langzeitstudien – die
Kosten und die Qualitätsbeurteilung *,a priori'*. Die Chance ist jedoch, dass Forschungsfragen hoher Relevanz, die sowohl der Weiterentwicklung digitaler Technologien (per se und im Hinblick auf die Verwendungspraxis) als auch dem Erkenntnisgewinn und der Praxis (per se und im Hinblick auf neue Technologien) dienen, tatsächlich aufgegriffen und in ihrer inhärenten Komplexität bearbeitet werden können.

Literatur

Beichner, R. J. (1994). Multimedia editing to promote science learning. *Journal of Educational Multimedia and Hypermedia, 3* (1), 55–70.

Finke, M. (2000). Ein interaktives Videosystem für Broadcasting und Internet. [An interactive video system for broadcasting and Internet]. Retrieved July 9, 2003 from *http://www.zgdv.de/ zgdv/departments/z3/Z3Veroeffentlichungen/Interaktives_Videosystem.*

Mayer, R. E. (1997). Multimedia learning: Are we asking the right questions? *Educational Psychologist, 32* (1), 1–19.

Paivio, & A. (1986). *Mental representation: A dual coding approach.* Oxford, England: Oxford University Press.

Pea, R. (1985). Beyond amplification: Using the computer to reorganize mental functioning. *Educational Psychologist, 20,* 167–182.

Stahl, E., Zahn, C., & Finke, M. (2005). How Can We Use Hypervideo Design Projects to Construct Knowledge in University Courses? In: T. Koschmann, D. Suthers & T.-W. Chan (Eds.), *Computer Supported Learning 2005. The next 10 years.* (641–646). Mahwah, NJ: Lawrence Erlbaum Associates, Inc. International Society of the Learning Sciences.

Sweller, J. (1993). Some cognitive processes and their consequences for the organisation and presentation of information. *Australian Journal of Psychology, 45* (1), 1–8.

Zahn, C. (2003). *Wissenskommunikation mit Hypervideos – Untersuchungen zum Design nichtlinearer Informationsstrukturen für audiovisuelle Medien [Knowledge communication with hypervideo – investigating the design of nonlinear information structures in audiovisual media].* Münster, New York, München, Berlin: Waxmann.

Zahn, C., Barquero, B., & Schwan, S. (2004). Learning with hyperlinked videos – Design criteria and efficient strategies for using audiovisual hypermedia. *Learning and Instruction, 14* (3), 275–291.

Zahn, C., & Finke, M. (2003). Collaborative knowledge building based on hyperlinked video. *Proceedings of CSCL 2003,* June 12–19, Bergen/Norway.

Zahn, C., Schwan, S., & Barquero, B. (2002). Authoring hypervideos: Design for learning and learning by design. In: E. Stahl & R. Bromme (Eds.), *Writing hypertext and learning: Conceptual and empirical approaches* 153–176. Amsterdam, Boston, London, New York, Oxford, Paris, San Diego, San Francisco, Singapore, Sydney, Tokyo: Pergamon/Elsevier Science.

Autoren

Prof. Dr. Rainer Bromme
Westfälische Wilhelms-Universität Münster
Psychologisches Institut III: Methodenlehre, Entwicklungspsychologie, Pädagogische
Psychologie
Fliednerstr. 21
D-48149 Münster
bromme@uni-muenster.de

Dr. Anne Brüggemann
Deutsche Forschungsgemeinschaft
Gruppe Geistes- und Sozialwissenschaften
Kennedyallee 40
D-53175 Bonn
anne.brueggemann@dfg.de

Prof. Dr. Franz Caspar
Universität Genf
Fakultät für Psychologie
FPSE – 40, boulevard du Pont-d'Arve
CH-1211 GENEVE 4
caspar@pse.unige.ch

Prof. Dr. Frank Fischer
IWM – Institut für Wissensmedien
Konrad-Adenauer-Str. 40
D-72072 Tübingen
f.fischer@iwm-kmrc.de

Prof. Dr. Norbert Groeben
Universität zu Köln
Lehrstuhl für Allgemeine und Kulturpsychologie
Herbert-Lewin-Str. 2
D-50931 Köln
n.groeben@uni-koeln.de

Prof. Dr. Dr. Friedrich W. Hesse
IWM – Institut für Wissensmedien
Konrad-Adenauer-Str. 40
D-72072 Tübingen
f.hesse@iwm-kmrc.de

M.A. Christof Wecker
IWM – Institut für Wissensmedien
Konrad-Adenauer-Str. 40
D-72072 Tübingen
c.wecker@iwm-kmrc.de

Dr. Carmen Zahn
IWM – Institut für Wissensmedien
Konrad-Adenauer-Str. 40
D-72072 Tübingen
c.zahn@iwm-kmrc.de

Prof. Dr. Dieter Zapf
Johann Wolfgang Goethe-Universität
Institut für Psychologie
Arbeits- und Organisationspsychologie
Mertonstraße 17
Postfach 11 19 32
D-60054 Frankfurt am Main
d.zapf@psych.uni-frankfurt.de

www.ingramcontent.com/pod-product-compliance
Lightning Source LLC
Chambersburg PA
CBHW080401030426
42334CB00024B/2956

9 783050 042312